Christina Hansen, Kathrin Eveline Plank (Hg.)

Im Zwiegespräch mit Janusz Korczak

Was wir im Europa des 21. Jahrhunderts vom „Weltenwanderer, Tabubrecher und Kräftezähmer" lernen können

**WOCHEN
SCHAU**
WISSENSCHAFT

„Führe sie nicht den leichtesten Weg, aber den schönsten.“
Janusz Korczak

Bibliografische Information der Deutschen Nationalbibliothek

Die Deutsche Nationalbibliothek verzeichnet diese Publikation in der Deutschen Nationalbibliografie; detaillierte bibliografische Daten sind im Internet unter http://dnb.d-nb.de abrufbar.

© WOCHENSCHAU Verlag,
    Dr. Kurt Debus GmbH
    Frankfurt/M. 2024

www.wochenschau-verlag.de

Umschlaggestaltung: Ohl Design
Gesamtherstellung: Wochenschau Verlag
Gedruckt auf chlorfrei gebleichtem Papier
Print-ISBN 978-3-7344-1671-2
PDF-ISBN 978-3-7566-1671-8
https://doi.org/10.46499/2239

Inhalt

CHRISTINA HANSEN UND KATHRIN EVELINE PLANK

Auf den Spuren Korczaks und darüber hinaus

Von gegenwärtigen Suchbewegungen nach vergessenen Impulsen

Der moldauisch-israelische Bildhauer Baruch Saktsier schuf 1978 mit der Skulptur „Korczak und die Ghettokinder" wohl das einzig bekannte Mahnmal zur Erinnerung an Janusz Korczak und ‚seine' Waisenkinder, das nicht nur das Antlitz des polnisch-jüdischen Arztes und seine Tätigkeit als Waisenhausleiter abbildet, sondern auch den Kern seines pädagogischen Werks aufgreift: Saktsier zeigt Korczak auf Augenhöhe mit den Kindern.

Skulptur „Korczak und
die Ghettokinder"
(Foto: privat)

Dieses Einnehmen der gleichen Augenhöhe und eine radikal anti-paternalistische Anerkennung eines jeden Individuums kennzeichnen seine Pädagogik der Achtung. Janusz Korczak, zweifelsohne einer der bekanntesten polnischen (Reform-)Pädagogen, gilt unter anderem als Pionier der Kinderrechte und als Entwickler einer am demokratischen und gleichberechtigten Dialog orientierten Pädagogik. Dabei verschriftlichte er seine pädagogischen Ideen auf Basis der Reflexion seiner alltäglichen Arbeit im Waisenhaus. Korczaks Werk ist alles andere als ein geschlossenes, systematisches Theoriegebäude – und bietet dennoch bis heute vielfältige Impulse für die pädagogische Praxis und die Erziehungswissenschaft (Beiner 2008). Das visionäre Potential seines umfangreichen literarischen wie pädagogischen Schaffens gerät, von der schlaglichtartigen Verwendung einiger prominenter Zitate einmal abgesehen, jedoch zunehmend in Vergessenheit. Sein Bekanntheitsgrad auch über 80 Jahre nach seinem gewaltsamen Tod, der Ermordung im NS-Vernichtungslager Treblinka (Pelzer 1987), speist sich insbesondere auch daraus, dass an Korczak als ein herausragendes Beispiel für das Bewahren von Menschlichkeit in einer barbarischen Zeit erinnert wird. Müssen wir uns fragen, ob Korczaks Wirken als Arzt und Literat, vor allem aber auch als Pädagoge mehr und mehr hinter der Einordnung seiner Person in die Geschichte der Shoah, in die Narration vom Widerstand gegen das nationalsozialistische Regime zurücktritt? Und falls ja, wie können wir damit umgehen? Lässt sich beispielsweise gerade seine historische Verortung beziehungsweise seine Biografie in der gegenwärtigen Arbeit mit Kindern und Jugendlichen im Rahmen einer zukunftsfähigen Holocaust Education vielleicht sogar im Sinne seines pädagogischen Credos nutzen?

Noch weniger im Blick und dennoch zentral für die Umsetzung der im Kern stehenden pädagogischen Ideen sind insbesondere auch personale Entscheidungen in beiden Waisenhäusern. Lassen diese sich neben inhaltlichen und biografischen Anknüpfungspunkten für pädagogische Einrichtungen und eine Lehrkräftebildung der Wissens- und Informationsgesellschaft des 21. Jahrhunderts adaptieren? Sollten wir uns beispielsweise auch mit der Ausbildung der Mitarbeitenden des Waisenhauses auseinandersetzen? Dies würde unter anderem die noch eingeschränkte Rezeption zur Rolle beruflicher Weggefährt*innen adressieren. Einige sind uns immerhin bereits namentlich bekannt, wie die Pädagogin Stefania Wilczyńska, die Korczak, acht weitere Mitarbeitende und die 200 Kinder Anfang August 1942 bis in den Tod in den Gaskammern Treblinkas begleitete (Sengling 1996), oder Maryna Falska, Leiterin des Waisenhauses Nasz Dom im Warschauer Stadtteil Bielany (Załęski 1999). Andere wie die zahlreichen angehenden Erzieher*innen der Bursa (Merżan 1967, 5), einer hauseigenen Wohn- und Ausbildungsstätte, werden gerade erst erforscht und benannt, um sie und ihren Einfluss auf die ‚Korczak-Pädagogik' einer breiteren Öffentlichkeit zugänglich zu machen.

Einige dieser Fragen kennzeichneten bereits den Anfang unseres Wegs durch ein Jahr mit Janusz Korczak, mit den Mitarbeitenden und Bewohner*innen der Waisenhäuser, aber auch mit seinen geistigen Geschwistern über die Epochen der Bildungsgeschichte hinweg. Viele weitere Fragen kamen im Verlauf auf, wurden beispielsweise plötzlich laut, als wir in unserer interdisziplinären Gruppe Korczak-Interessierter zusammenkamen, um im Tagebuch des Pädagogen zu lesen, durch seine Augen auf das Ghetto Warschau zu blicken, etwa als er am Morgen des 4. August 1942 von einem Wachposten dabei beobachtet wird, wie er seine Blumen gießt, „die armen Pflanzen des Waisenheims, die Pflanzen eines jüdischen Waisenheims" (Korczak 2005, 375). Oder sie traten dazu, als wir in der heutigen Jaktorowa-Straße in Warschau dem ehemaligen Waisenhaus Dom Sierot gegenüberstanden, das während des Warschauer Aufstands von den Nazis zerstört und später wieder aufgebaut wurde (Wróblewski 1999). Und sie begleiteten uns, als wir letzte Spuren lasen, letzte Hinweise im ehemaligen Ghetto im Stadtteil Wola suchten und im ehemaligen Vernichtungslager Treblinka. Wir, das sind Wissenschaftler*innen und Studierende verschiedener Disziplinen, Historiker*innen, Literatur- und Bildungswissenschaftler*innen, praktizierende wie angehende Lehrkräfte, die anlässlich des 80. Todesjahrs von Henryk Goldszmit (alias Janusz Korczak) und auf Initiative des Korczak-Kenners Ulrich Bartosch hin eine fachübergreifende und grenzüberschreitende Lehrveranstaltung für Studierende der Universitäten Passau und Warschau planten. Integraler Bestandteil dieses Lehrprojekts waren unter anderem eine Exkursion in die polnische Hauptstadt inklusive gemeinsamer Begegnungs- und Diskussionspanels der Studierendengruppen beider Länder sowie die Teilnahme an einem zweitägigen Symposium an der Universität Passau. Letztere Veranstaltung ermöglichte es den Studierenden, die Ergebnisse ihrer multidisziplinären Auseinandersetzung mit Janusz Korczak im Kreis anerkannter Korczak-Expert*innen einem interessierten (Fach-)Publikum vorzustellen. Ein Semester beziehungsweise ein Jahr lang haben wir uns intensiv mit Leben und Werk des polnisch-jüdischen Pädagogen, mit zentralen historischen Rahmenbedingungen und mit dem Einfluss anderer wichtiger Akteur*innen aus dem ‚Universum Korczak' beschäftigt. Als erkenntnisleitend und die Fachdisziplinen verbindend fungierte dabei die Frage nach einer Art sensibel kontextualisierter Anschlussfähigkeit wesentlicher pädagogischer Ideen für drängende Fragen und Herausforderungen demokratischer Gesellschaften im Europa des 21. Jahrhunderts. Erziehung und Bildung sowie entsprechende Räume und Akteur*innen galten uns dabei als zentrale Kristallisationspunkte.

Sowohl während der Planungs- als auch der Umsetzungs- und Nachbereitungsphase dieses ‚Korczak-Jahres' hat uns die europäische Gegenwart respektive haben uns die aktuelle Verfasstheit und die verschiedenen Krisen demokratischer Gesellschaften weltweit mehrmals eingeholt. Im Juni 2022, wenige Wochen nach dem Überfall Russlands auf die Ukraine, standen wir beispielsweise im heutigen *Korczakianum* im ehemaligen Speisesaal des Waisenhauses Dom Sierot nicht wie üblich vor den Ausstellungstafeln zur Historie des Hauses. Stattdessen blickten wir in der Jaktorowska-Straße 6, der ehemaligen Krochmalna-Straße, auf die Betten, die für Kinder und Jugendliche vorbereitet wurden, die vor dem Krieg in der Ukraine geflüchtet sind. Im Jahr darauf dann wurden wir erneut erschüttert. Über Monate hinweg wohnten wir aus der Ferne nicht nur den Schrecken eines terroristischen Großangriffs und des sich anschließenden Krieges in Israel bei, sondern erfuhren ganz unmittelbar vor Ort dessen weltumgreifende Folgen. Besorgt mussten wir feststellen, wie rasch der über die Jahrhunderte von unterschiedlichen Gesellschaften und gesellschaftlichen Gruppen gepflegte und auch in Deutschland niemals überwundene Antisemitismus sich in Zeiten von Krieg und Krisen Bahn brach. Und noch während wir die Artikel des vorliegenden Bandes redigierten, erreichten uns die erschreckenden, wenn auch wenig überraschenden Ergebnisse der Recherche-Plattform CORRECTIV. Rechte bis Rechtsextreme, darunter unter anderem Mitglieder aus zwei demokratisch gewählten Parteien, ein Aktivist der rechtsextremen Identitären Bewegung, Vertreter*innen aus der Wirtschaft und Verbandsmitglieder von Interessenverbänden wie dem Verein Deutscher Sprache, trafen sich im Herbst 2023 in einem Landhotel in der Nähe von Potsdam, um Pläne zur massenhaften Abschiebung von Menschen aus Deutschland zu diskutieren. Pläne, die bestechende Parallelen zum sogenannten Madagaskarplan der Nazis aufweisen. Wir erlebten in den auf die Aufdeckung des Treffens folgenden Wochen aber auch die rasche Mobilmachung zivilgesellschaftlicher Kräfte: Millionen Menschen demonstrierten wochenlang gegen menschenverachtende Ideologien und für eine Gesellschaft der Vielen.

Und so fühlten wir uns zu unterschiedlichen Zeitpunkten und ausgelöst durch mannigfaltige Anlässe wiederholt erinnert an den Humanismus, die Solidarität und Empathie von Janusz Korczak, Stefania Wilczyńska und anderen Kolleg*innen – sowohl im Kontext ihres pädagogischen Schaffens, entsprechender Ideen und gelebter Realitäten als auch hinsichtlich der Tatsache, dass die Genannten auch im Angesicht der NS-Barbarei und der eigenen Lebensgefährdung ihre Menschlichkeit nicht verloren haben. Wir stellten uns gemeinsam, aber auch aus unserer jeweiligen fachlichen Perspektive heraus, immer wieder die Frage(n) danach, inwiefern wir vom ‚Universum Korczak' lernen können, um ein demokratisches Miteinander in der Gesellschaft der Vielen im Hier und Jetzt zu gestalten, und wie wir dabei die Achtung eines jeden Individuums als Grundwert sichern können. Dabei war uns klar, dass jede Fachdisziplin dies aus ihrer Perspektive ein wenig anders beantworten wird – und doch lässt sich gleichzeitig postulieren, dass wir für den gemeinsamen Boden, auf dem wir leben, einen Wertefundus brauchen, den wir nur in gegenseitiger Anerkennung bilden können. Das haben uns die pädagogischen und gesellschaftlichen Vordenker*innen Korczak, Wilczyńska und andere Pädagog*innen der beiden Waisenhäuser unter schwierigsten Bedingungen mit ‚ihren' Kindern vorgelebt.

Der vorliegende Sammelband knüpft an den skizzierten Fragestellungen an, die zu unterschiedlichsten Zeitpunkten während unseres ‚Korczak-Jahrs' aufgeworfen und vor Ort diskutiert wurden, und übt sich in einer interdisziplinären Auseinandersetzung damit.

Agnieszka Maluga ist Professorin für das Lehrgebiet „Bildung, Erziehung, Betreuung und Prävention in der Kindheit" an der Hochschule Koblenz sowie Vorsitzende der Deutschen Korczak Gesellschaft e.V. Sie eröffnet nicht nur unsere Auseinandersetzung mit Korczak durch einen facettenreichen Blick auf den polnischen Pädagogen, der laut Maluga ein „Weltenwanderer, Tabubrecher und Kräftezähmer" gewesen ist, sondern gibt dem Band auch seinen Titel.

Verantwortung, Würde, Gespräch, Gleichheit – nur vier exemplarische aus einer Reihe von Aspekten, die der Politologe und Korczak-Kenner Ulrich Bartosch in seinem Beitrag vor dem Hintergrund der Fragestellung diskutiert, warum wir uns auch gegenwärtig nach wie vor mit dem Werk Janusz Korczaks beschäftigen sollten.

Adam Fijałkowski, Bildungshistoriker und Leiter des Lehrstuhls für Geschichte und Philosophie der Erziehung an der Universität Warschau, kleidet die im Kern stehende Frage nach der gegenwärtigen Anschlussfähigkeit in seinem Beitrag in einen Vergleich. Aus der Gegenüberstellung von Janusz Korczak und Jan Amos Comenius, die alles andere als Zeitgenossen, wohl aber Kollegen waren, arbeitet Fijałkowski wesentliche Komparative aus dem pädagogischen Verständnis beider „Klassiker" heraus, um diese für die Diskussion des aktuellen Innovationspotentials nutzbar zu machen.

Wojciech Lasota, Doktorand an der Doctoral School of Social Sciences der Universität Warschau und Vorsitzender der polnischen Korczak-Stiftung, beschäftigt sich mit einem bislang kaum beachteten Aspekt in der Rezeption und Forschung um Janusz Korczak. Er beleuchtet mit der sogenannten Bursa die Rahmenbedingungen der Ausbildung ehemaliger Waisenhauskinder und anderer als angehende pädagogische Fachkräfte in der Einrichtung selbst. Dabei werden gegenwärtige Fragen nach Professionalität und Professionalisierung in pädagogischen Kontexten, insbesondere nach der Rolle von Reflexion und Erfahrungshandeln, zugänglich. Zudem treten ehemalige Impulsgeber*innen jenseits von Korczak ins Licht.

Der Sammelband schließt mit einem Werkstattbericht, der die Ergebnisse der internationalen Studierendenbegegnung zugänglich macht – und das aus den Federn der Studierenden selbst. Begleitet vom Historiker Thomas Wünsch und den Bildungswissenschaftlerinnen Christina Hansen und Kathrin Eveline Plank ermöglichen die studentischen Teilnehmenden zunächst eine klare Kontextualisierung. Dabei werden Recherchen zum konkreten historischen Hintergrund und mit dem POLIN-Museum, dem Mahnmal am ehemaligen Umschlag-Platz des Ghettos Warschau in der Stawki-Straße und der Gedenkstätte am ehemaligen Vernichtungslager Treblinka neben dem *Korczakianum* und den Stationen des Waisenhauses im Ghetto, der Chlodna- und Sliska-Straße, einige wesentliche Stationen der Studienreise nach Warschau, an vielen Stellen miteinander verquickt, bevor im Anschluss wesentliche Ableitungen aus dem pädagogischen Schaffen und historischen Nachwirken diskutiert werden.

Literatur

Beiner, Friedhelm (2008): Was Kindern zusteht. Janusz Korczaks Pädagogik der Achtung: Inhalt – Methoden – Chancen. Gütersloh.

Benz, Wolfgang/Graml, Hermann/Weiß, Hermann (1997): Enzyklopädie des Nationalsozialismus. München.

Korczak, Janusz (1991): Allein mit Gott: Gebete eines Menschen, der nicht betet. 4. Aufl. Gütersloh.

Korczak, Janusz (2005): Sämtliche Werke. Bd. 15. Gütersloh.

Merżan, Ida (1967): Janusz Korczak wehrt gegen ihn erhobene Vorwürfe ab. In: Nowa Szkoła, Gesellschaftlichpädagogische Monatsschrift für Bildung und Höheres Schulwesen. Warschau. Online: https://www.korczak-forum.de/wp-content/uploads/2020/03/Ida-Merżan_Korczak. pdf (Zugriff: 12.02.2024).

Pelzer, Wolfgang (1987): Janusz Korczak. 9. Aufl. Reinbek bei Hamburg.

Sengling, Dieter (1996): Aus dem Unglück leben. Eine Annäherung an den Pädagogen Janusz Korczak. In: Leschinsky, Achim (Hg.): Die Institutionalisierung von Lehren und Lernen. Beiträge zu einer Theorie der Schule. Weinheim u.a., S. 331-345.

Wróblewski, Michał (1999): Das Haus in der Krochmalna-Straße. In: Beiner, Friedhelm et al. (Hg.): Ergänzungsband Janusz Korczak in der Erinnerung von Zeitzeugen. Gütersloh.

Załęski, Jan (1999): Im Nasz Dom. In: Beiner, Friedhelm et al. (Hg.): Ergänzungsband Janusz Korczak in der Erinnerung von Zeitzeugen. Gütersloh.

AGNIESZKA MALUGA

Tabubrecher und Kräftezähmer: Janusz Korczaks Pädagogik als Zumutung?

„Merke: Eine Erzieherin hat mich einmal gefragt, wie man auf heikle Fragen antworten sollte. – Es gibt weder dumme noch heikle Fragen, wenn die Antwort ehrlich und angemessen ist. Wenn wir sie selbst wissen." Korczak 1999 [1939], 464

Jeder solle seinen eigenen Korczak finden, so ein geflügelter Ausspruch des Nestors der Korczak-Forschung in Deutschland, Erich Dauzenroth: „Nach vielen Jahren fing ich an, zu verstehen, dass jeder, der die geheimnisvolle Tiefe dieser Persönlichkeit entdeckt, schließlich auch ‚seinen eigenen Korczak' finden wird" (Dauzenroth 1978, 7). Ausgangspunkt dieser Suche und gleichzeitig dieses Beitrags ist die Vielschichtigkeit der Lebensstationen und das Themenspektrum von Janusz Korczak. Für mich ist Korczak ein Weltenwanderer. Unterschiedliche Welten hat er betreten, die jeweils eigene Logiken haben, und sich souverän auf ihren Bühnen bewegt: die Welt der Literatur und Schriftstellerei, die der Medizin und Pädologie und schließlich die von Bildung und Erziehung. Diese unterschiedlichen Rollenbündel des Schriftstellers, Kinderarztes und Pädagogen hat Korczak meisterhaft in einer Person vereint und war fragend, beobachtend, forschend zu vielen Themen seiner Zeit unterwegs; ein Homo universalis, ein belesener, reflektierter, analytischer, ein vielseitig interessierter und gebildeter Mensch. „Weltenweiter Wandrer walle fort in Ruh … also kennt kein andrer Menschenleid wie du." Bei dieser Zeile aus dem Gedicht von Rainer Maria Rilke muss ich an Korczak denken, an Dr. Henryk Goldszmit, wie er gebürtig hieß.

Ich habe mich auf die Spuren dieses Weltenwanderers begeben und damit ‚meinen' Korczak gefunden. Meine Spurensuche stelle ich gerne hier einer interessierten Leserschaft vor.

Bei dem vorliegenden Artikel handelt es sich um die Verschriftlichung zweier Vorträge, die ich am 11. und 12. Juli 2022 an der Universität Passau im Rahmen des Korczak-Symposiums in Gedenken an den achtzigsten Todestag gehalten habe. Der Angriffskrieg auf die Ukraine, damals gerade ein paar Monate her, drängte die Frage auf, wie wir mit Kindern über schwere, belastende Themen sprechen. Seitdem ist die Welt nicht ruhiger und sicherer geworden – und das hier umrissene Thema, so gerne wir ihm aus dem Weg gehen würden, wird umso relevanter. Zunehmend wird die Öffentlichkeit durch die aktuellen Bedrohungslagen sensibilisiert für die Herausforderungen und Notwendigkeiten einer kindgerechten Ansprache und sensiblen Begleitung zu Krisenthemen.

1. Janusz Korczak, der Weltenwanderer: Viel Licht, viel Schatten

Janusz Korczaks Leben war Leben im Krisenmodus. Auch er stand vor der Notwendigkeit, Kindern eine aus den Angeln gehobene Welt zu erklären, sie in der Krise zu begleiten. Der Beitrag widmet sich diesem Wirken und beleuchtet Korczaks Pädagogik als Zumutung, weil er uns Erwachsene an die Grenzen des erzieherischen Denkens und Handelns führte. Dabei wird letztendlich offenbar, dass das Leben selbst eine Zumutung ist, nicht Korczak – und Korczak ‚nur' Wege und Worte suchte, um mit ihm bestmöglich umzugehen.

1.1 „Ein geradezu ungeheuerliches Experiment" –
Schule darf mutiger werden

„Der Mythos der glücklichen Kindheit", so lautete die Schlagzeile auf dem Titelblatt der gedruckten Wochenzeitung DIE ZEIT vom 7. Juni 2023. Der Deutschlandfunk titelte am 04.12.2023: „Kindgerecht über den Krieg in Nahost informieren". Corona-Pandemie, Klimawandel, Kriege. Wir Erwachsenen können Kinder leider nicht vollständig abschirmen vor negativen, beängstigenden Entwicklungen. Kinder leben nicht außerhalb der Welt und ihrer Ereignisse, sondern inmitten dieser. Studien zeigen, dass Kinder und Jugendliche diesen „Dauerkrisenmodus" (Armbrüster 2023) als existenzbedrohend erleben, so Klaus Hurrelmann im Interview mit dem Deutschlandfunk am 12.04.2023. Gerade in Zeiten, die schwierig und herausfordernd sind, müssen sich die Gesellschaft und ihre Bildungseinrichtungen verstärkt Kindern und ihren Ängsten zuwenden, sprach- und handlungsfähig bleiben. Der vom Deutschen Ethikrat im November 2022 ausgerufene Auftrag an uns Erwachsene – verbunden mit einer Rüge – lautet bezugnehmend auf Hurrelmanns Einschätzung daher: „Kinder, Jugendliche und junge Erwachsene in gesellschaftlichen Krisen nicht alleinlassen" (Deutscher Ethikrat 2022). Der Deutsche Ethikrat fordert unter anderem eine Fortbildung von Pädagoginnen und Pädagogen, die dazu befähigt, Kinder und Jugendliche in Krisenzeiten feinfühlig zu begleiten, die Perspektiven von Kindern und Jugendlichen zu stärken, entsprechende Partizipationsmöglichkeiten in der Krisenbegleitung zu finden und die Themen Gesundheit und Krankheit zum Thema zu machen (Deutscher Ethikrat 2022, 5 f.).

Bereits vor 100 Jahren hatte Janusz Korczak (1878/79–1942) ähnliche Forderungen in seiner Schulkritik formuliert. In der utopischen Schrift „Die Schule des Lebens" (Korczak 2002b [1907], 496-507) führt Korczak die Überlegungen aus, Fragen von Krankheit und Gesundheit in den Schulalltag der Kinder zu integrieren, das Krankenhaus gar als eine besondere Bildungs- und Erziehungsinstitution zu betrachten. Der Mensch selbst und seine Lebensumstände sollten zum Unterrichts- und Bildungsstoff werden, damit auch der Körper, Gesundheit und Krankheit, denn: „Die Leiden des Körpers sind so eng mit dem gesamten Leben verbunden, dass es ohne das Spital keine allgemeine Ausbildung geben kann und gibt" (Korczak 2002b [1907], 432). Ihm war bewusst, dass die Öffentlichkeit seine Ideen als „ein geradezu ungeheuerliches Experiment" (Korczak 2002b [1907], 433) bewerten würde, aber ganz Arzt hielt er an der Beobachtung und Überzeugung fest. Das Spital und die Auseinandersetzung mit Krankheit und Begrenztheit lehre die Kinder existenzielle Fragen zu stellen und bilde ihre soziale Persönlichkeit nachhaltig. Auch Kinder besitzen wertvolle Lebenserfahrung, die sie an kranke Menschen weitergeben können. Diese Argumente bezog er aus seinen Beobachtungen und Erfahrungen als Arzt *und* Pädagoge. Sie könnten einem Blinden vorlesen, einem Gelähmten das Kopfkissen aufschütteln oder einem Durstigen das Wasser reichen, so seine Beispiele. Durch dieses soziale Engagement werden sie „eine Fülle freudiger Eindrücke erfahren" (Korczak 2002b [1907], 433). Man könne Kindern das Spital und seine Herausforderungen zumuten, denn man mutet ihnen in der Schule noch viel komplexere Themen zu, die dazu noch lebensfern seien: „Wenn ein Heranwachsender in der Lage ist, die Akrobatik der Logarithmen zu begreifen, dann wird er noch leichter in der Lage sein zu verstehen, warum der Kranke, bei dem Wache gehalten wird, blaue Lippen, geschwollene Beine oder Nebengeräusche des Herzens hat. […] – er wird lernen, geduldig zu beobachten und aufmerksam hinzuhören" (Korczak 2002b [1907], 434). Heute realisiert diese Ideen beispielsweise das Projekt „Hospiz macht Schule", in dem Ehrenamtliche aus dem Hospiz mit Grundschülern der 3. und 4. Klasse sowie den Lehrkräften und Eltern eine Projektwoche zu genau diesen Themen durchführen: interaktiv, entwicklungssensibel und kindgerecht.

1.2 Das Leben ist ein Spiel aus Licht – und Schatten

Für mich begann die Auseinandersetzung mit der hier skizzierten Themenstellung vor 17 Jahren mit dem von Korczak ausgerufenen „Recht des Kindes auf den Tod". In meiner Doktorarbeit bin ich diesem Recht nachgegangen, der Weg führte mich in die Hospizarbeit (Maluga 2020). Für uns Studentinnen und Studenten war dieser Satz damals eine Zumutung. Als ‚dunkelsten Satz der Pädagogik' hatte der Professor ihn eingeführt. Das musste erschüttern, das musste nachwirken. Als angehende Pädagoginnen und Pädagogen haben wir viel darüber diskutiert. Wer sich dem Menschen Janusz Korczak und seiner Pädagogik zuwendet, kommt an diesem Satz nicht vorbei. Wer sich an ihm vorbeischieben will, wird auch an Korczak vorbeigehen. Er selbst macht das eindringlich klar, indem er dieses Recht – und zwei weitere – 1919 mit folgenden Worten einführt: „Achtung! Entweder wir verständigen uns jetzt, oder wir trennen uns für immer. Jeder Gedanke, der sich wegschleichen und verstecken will, jedes Gefühl, das, sich selbst überlassen, umherschweifen will, müssen zur Ordnung gerufen und mit Willenskraft diszipliniert werden" (Korczak 1999 [1919], 45). Für mich verliert diese oft zitierte Passage aus dem Hauptwerk von Korczak weder Strahlkraft noch Aktualität. An der Magna Charta Libertatis können sich die Geister scheiden – man kann um sie ringen, man kann sie ablehnen, aber man muss sich zu ihr und im Besonderem zu diesem ersten Recht verhalten.

Das Leben sei ein „Spiel von Licht und Schatten", so Korczak (Korczak 2004 [1927], 209 f.). „Mein Leben", vertraut er am Lebensende im Warschauer Ghetto seinem Tagebuch an, „ist schwierig, aber interessant gewesen. Um so eines hatte ich Gott in meiner Jugend gebeten. ‚Gib mir, oh Herr, ein schweres, aber schönes, reiches, würdiges Leben'" (Korczak 2005a [1942], 360). Es gab viel Licht, es gab vielleicht mehr Schatten in seinem Leben. Es war dieser Schatten, das Schwere, dem er getrotzt, dem er sich entgegengestellt hat. Als Schriftsteller hat er mit mutigen Kinder-Helden dagegen angeschrieben, als Arzt hat er gegen Kindersterblichkeit angekämpft, als Erzieher und Heimleiter Kinder stark ins Leben begleitet – und am Ende in den Tod. Als dieser weltenweite Wanderer hat er Grenzen übertreten, mit Tabus gebrochen – und die damit freigesetzten Kräfte gezähmt. Damit hat er eine Pädagogik begründet, die Erwachsenen viel zumutet. Jemand, der das „Recht des Kindes auf den Tod" einforderte, wollte provozieren, aufrütteln, wollte es Erwachsenen nicht einfach machen. „Doch nicht nur dieser seltsam klingenden Kinderrechte wegen ist der Autor gleichzeitig weltberühmt und völlig ignoriert – er war schlicht und ergreifend ein Quertreiber", so Michael Winkler (Winkler 2013, 194). Immer wieder arbeiten wir uns an dieser Zumutung und an Korczaks Pädagogik, an diesem Quertreiber ab. Was kann sie uns heute bedeuten?

2. Janusz Korczak, der Tabubrecher: Korczaks Pädagogik als Thanatagogik

Janusz Korczak macht mit dem Recht des Kindes auf den Tod unter anderem darauf aufmerksam, dass auch unbequeme Themen wie Krankheit, Traurigkeit, Endlichkeit Eingang finden sollten in Fragen der Erziehung und Bildung – und damit auch in die Curricula von Bildungsinstitutionen und Befähigungen des Fachpersonals. Korczaks Pädagogik kann damit auch als eine Form der Thanatagogik gedeutet werden.

2.1 Thanatagogik als Antwort auf Verdrängung

„Wahrscheinlich ist keine Menschheit je dem Tod gegenüber so ratlos gewesen wie die heutige. Freilich war die Antwort der großen Religionen auf die Todesfrage dem täglichen Bewusstsein der Menschen zu allen Zeiten fremd. Sie wurde mythologisch gefärbt, um erträglich zu sein. Unserer Zeit ist aber auch die Sprache des Mythos fremd geworden" (Weizsäcker 1980, 109). Von Weizsäcker verweist hier auf den Homo narrans, den erzählenden Menschen und das Erzählen als eine besondere Art, das Mensch-Sein zu praktizieren. Das Erzählen von Geschichten, die Weitergabe von Erlerntem und Beobachtetem in Mythen, das Kondensieren der Erfahrungsschätze einer Generation in Märchen – das sei dem Menschen abhandengekommen. Bereits Walter Benjamin machte auf das Verschwinden des Erzählens und der Erzählkunst aufmerksam, auf den Verlust von Märchen, die er als Menschheitsratgeber bezeichnete: „Das Märchen, das noch heute der erste Ratgeber der Kinder ist, weil es einst der erste der Menschheit gewesen ist, lebt insgeheim in der Erzählung fort. Der erste wahre Erzähler ist und bleibt der von Märchen. Wo guter Rat teuer war, wusste das Märchen ihn, und wo die Not am höchsten war, da war *seine* Hilfe am nächsten" (Benjamin 1991, 457 f.). Carl Friedrich von Weizsäcker machte mit seiner Aussage weiter auf etwas aufmerksam, das Ariès als die „Verwilderung" des Todes deutete. Eros und Thanatos, die Sexualität und der Tod – beides Themen, die lebenskennzeichnend und lebensbestimmend sind, die Fragen zu unserer Existenz aufwerfen. Beides Themen, die – je nach Epoche und Generation – tabuisiert wurden und als Themen von Kindern misstrauisch beäugt. Philippe Ariès beschreibt in seiner „Geschichte des Todes" dieses Ringen der Erwachsenen um Haltung und Deutungshoheit hinsichtlich dieser beiden gefürchteten Naturkräfte. Gebändigt wurden sie über Jahrhunderte durch moralische, gesellschaftliche und rechtliche Institutionen, religiöse Riten, die die gesellschaftliche Ordnung aufrecht hielten sowie dem Menschen einen Orientierungsrahmen an die Hand gaben. Die Schutzmauern dieser Zähmung und Kanalisierung von Emotionen fingen jedoch zunehmend an zu versagen und es begann, so die These von Ariès, ein Prozess von der Zähmung zur Verwilderung des Todes, der mit Beginn des 20. Jahrhunderts besonders Fahrt aufnahm (Ariès, 2009 [1978]) (Zirfas 2014). Diese Todesvergessenheit kann als das „Projekt der Moderne" (Cramer 1997, 54) bezeichnet werden. Die Gesellschaft entledigte sich zunehmend der solidarischen, öffentlichen Fürsorge. Der medizinisch-technische Fortschritt in den Industrieländern führte dazu, dass der Tod zunehmend als technisches Problem und verlängerte Krankheitsphase und nicht als ein natürlicher Tatbestand angesehen wurde. Eine neue Bewegung – die Death Education – formierte sich daraufhin in den USA ab den 1950er Jahren. Ihre neuen pädagogischen Konzepte und der Beginn einer wissenschaftlichen Besprechung des Themas waren eine Antwort auf die Verdrängung des Todes aus der Öffentlichkeit und dem Bewusstsein der Menschen. Die Death Education-Bewegung wurde in Deutschland ab den 1980er Jahren als Thanatagogik bekannt mit der Zielsetzung: „Erziehung zur Auseinandersetzung mit Sterben und Tod und einem adäquateren Umgang mit diesen Ereignissen" (Petzold/Huck 1984, 501). Die Todesthemen sollten als „das Telos des Lernens" (Zirfas 2014, 332) in allen Bereichen der Pädagogik und mit allen Lebensaltern besprochen werden. Dadurch erhoffte man sich einen freieren und natürlicheren Umgang, ähnlich dem Wandel in der Sexualerziehung (Petzold/Huck 1984)

Durch die Formulierung der Menschenrechte des Kindes durch Janusz Korczak wurde ein neues Selbstverständnis im Umgang mit der menschlichen Sterblichkeit möglich, so Franco Rest (Rest 1992, 244). Er reihte Korczak daher in die Reihe von bekannten Thanatagogen ein, denn „so zeigt uns der letzte der hier exemplarisch angeführten Zeugen eine Ausdehnung des thanatagogischen Gedankens auf das soziale Umfeld des Menschen und auf das ganze Leben, indem er unter Anspielung auf die allgemeinen Menschenrechte seiner Pädagogik den Blick auf den Tod richtet" (Rest 1977, 7). Korczak vertrat eine Pädagogik, die den Tod nicht ausklammert, sondern ihn als konstitutives Merkmal des Menschen und damit des Kindes wahrnimmt und mit ihm rechnet. Damit hat er ein großes Tabu gebrochen. Dieses Alleinstellungsmerkmal macht ihn noch immer zu einem Ausnahmepädagogen.

2.2 „Ein menschlicher Mensch." Korczak war nichts Menschliches fremd

Lange Zeit galt Sexualität als das Tabuthema für Kinder, nicht der Tod. Die zweite Hälfte des 20. Jahrhunderts verschärfte diesen Wandel. Die sexuelle Aufklärung der Kinder wurde nun immer früher vollzogen, während die Tatsachen des Todes verheimlicht wurden (Weber-Kellermann 1986, Niethammer 2008). Es ist ein großes Verdienst der Hospizbewegung, die sich in Deutschland seit den 1980er Jahren zunehmend etablierte, dass die Themen Sterben, Tod und Trauer zunehmend offen thematisierten werden konnten – auch mit Kindern. Vor allem die Kinderhospizbewegung war wegweisend für eine zunehmende Enttabuisierung dieser Themen gegenüber Kindern (Maluga 2020).

Den beiden Tabuthemen Sexualität und Tod ist Janusz Korczak nicht ausgewichen. Beiden Themen ist er sachlich begegnet, sein Alltag als Kinderarzt und Pädagoge ließ nichts anderes zu. Als Sachverständiger vor Gericht wurde er konfrontiert mit den Härten des Lebens und der Gewalt, denen Kinder ausgesetzt sind. Scharf prangerte er sexualisierte Gewalt an, Machtmissbrauch gegenüber Kindern und kämpfte für einen ausreichenden Kinderschutz. Als Kinderarzt hat Korczak viele Kinder und Familien in Krankheit und Sterben begleitet: „Das Spital hat mir gezeigt, wie würdig, gereift und verständig ein Kind zu sterben weiß" (Korczak 2005a [1942], 213). Als Erzieher, der 30 Jahre lang mit 100 Jungen und Mädchen im Kindes- und Jugendalter unter einem Dach zusammengewohnt hat, wusste er aus direkter Erfahrung um die Alltäglichkeit dieser Themen. Erhalten geblieben sind beispielsweise seine Ausführungen und Studien aus dem Waisenhaus zur kindlichen Sexualität (Korczak 2004 [1924], 568 f. sowie Band 8 der Sämtlichen Werke, 273-287). Korczak war nichts Menschliches fremd: Emotionen wie Liebe, Fürsorge, Humor, aber auch Lügen, Begierde, Zorn, Aggression waren ihm aus dem eigenen Leben vertraut. Sein realistischer Blick auf das Kind und auf die Vorgänge des Lebens ließen ihn schlussfolgern, dass eine künstliche Unterdrückung – ob von negativen Kräften oder tabuisierten Themen – negative Auswirkungen hätte, auf Menschen und Gesellschaft. Vor den weniger guten Charaktereigenschaften und Handlungen des Menschen – auch seinen eigenen – verschloss er nicht die Augen, sondern versuchte sie auf eine weitestgehend sozialverträgliche Art zu kanalisieren. Da ihm nichts Menschliches fremd war, waren es auch nicht Tod oder Liebe. Weil das Kind von Anfang an Mensch ist und damit die wesentliche Eigenschaft des Menschen, die Sterblichkeit, mit allen anderen Lebewesen teilt, gehörte auch die Endlichkeit zum Leben des Kindes dazu. Das Kind war damit für Korczak „Ein menschlicher Mensch" (Korczak 2000, 211).

2.3 „Das Recht des Kindes auf den Tod" oder: Das Recht auf Information und Austausch

Korczaks „Konstitutionelle Pädagogik" (Bartosch et al. 2015) nimmt das Kind als gleichberechtigtes Rechtssubjekt ernst: Nur das Recht schützt das Kind. Unterschiedliche Erziehungspersonen folgen unterschiedlichen Erziehungsvorstellungen – aber das Recht des Kindes bleibt von Willkür und Subjektivität des Einzelnen unangetastet. Es ist bekannt, dass sich Janusz Korczak mehrmals vor dem Gericht des Warschauer Waisenhauses verantworten musste, weil er Grenzen übertreten hat: Er wurde laut und beleidigend, hat Unschuldige beschuldigt, ein Kind geschlagen (Korczak 1999a [1920], 312). Nicht nur das Kind hat er als Menschen erkannt, sondern auch den Pädagogen. Auch Du, Erzieherin und Erzieher, bist ein Mensch – und damit fehlbar: du kannst wütend werden, ungerecht, ungeduldig. Bei der Zähmung dieser Emotionen hat Korczak dem Gesetz vertraut, nicht dem pädagogischen Ethos. Er forderte eine „Erziehung zu einem neuen, ‚konstitutionellen Pädagogen', der den Kindern nicht deshalb kein Unrecht zufügt, weil er sie gernhat oder liebt, sondern deshalb, weil es eine Institution gibt, die sie vor Ungerechtigkeit, Willkür und Despotismus des Erziehers schützt" (Korczak 1999a [1920], 312).

„Ich fordere die Magna Charta Libertatis als ein Grundgesetz für das Kind. Vielleicht gibt es noch weitere, ich aber habe diese drei Grundrechte herausgefunden:
1. Das Recht des Kindes auf den Tod.
2. Das Recht des Kindes auf den heutigen Tag.
3. Das Recht des Kindes, das zu sein, was es ist.

Man muss sich mit den Kindern vertraut machen, um bei der Verleihung dieser Rechte möglichst wenige Fehler zu machen. Irrtümer müssen sein. Wir wollen sie nicht fürchten: Das Kind selbst wird sie mit erstaunlicher Wachsamkeit korrigieren, wenn wir nur diese wertvolle Gabe, seine starke Abwehrkraft, nicht schwächen" (Korczak 1999a [1919], 45).

Diese Zeilen können als Essenz der Korczakschen Pädagogik ausgewiesen werden. Diese Grundrechte des Kindes, die Korczak über viele Jahre mithilfe der Methode der Beobachtung herausgefunden hat, wie er betont, sind der Ausgangspunkt aller weiteren Zusammenarbeit – oder der Trennung. Die Magna Charta Libertatis stammt, so Michael Winkler, „aus einem Werk, das als ein Skandal gilt, allzumal unter Pädagogen. Dass man Kindern einen Rechtsanspruch auf den Tod einräumt, bricht mit allen Vorstellungen von sozialem und erzieherischem Handeln" (Winkler 2013, 193).
  Korczak befürwortete nicht den Tod, romantisierte oder verklärte ihn, aber er dämonisierte und negierte ihn eben auch nicht. Er setzte ihn nicht in eine Opposition zum Leben, sondern sah ihn als ein natürliches Lebensereignis.

Kinder haben ein Recht auf den Tod, weil es sich um etwas handelt, an dem sie selbst Anteil haben können in der Familie, im Freundes- und Bekanntenkreis oder über das sie nachdenken. Die Einstellung „Kleine Leute, kleine Bedürfnisse, kleine Freuden und Leiden" (Korczak 1999a [1929], 385) sei ein Trugschluss Erwachsener, denn auch Kinder haben existenzielle „Probleme, absolut nicht kleine, weil jedes ein ganzes Leben betrifft und lebenden Wesen Kummer macht" (Korczak 2005b [1927], 311), so Korczaks Beobachtung. Er führte unterschiedliche Fragen von Kindern an, die zeigen, dass Kinder sich ernsthafte Gedanken machen und ein Recht auf Erklärung und Austausch haben: „Muss man sterben? [...] Warum sterben Kinder und alte Leute leben? [...] Ist die Gesundheit im Kopf oder im Bauch? [...] Wird der Doktor auch krank, stirbt er, warum? Warum sind alle berühmten Leute gestorben? [...] Wohnt die Tante, die so weit weg lebt, in einem Sarg? [...] Auch hier Zweifel und beunruhigende Fragen" (Korczak 1999a [1919], 104-107). Der Tod war als Thema auch eingebunden in den Jahreskreislauf des Waisenhauses. So verzeichnet der zusammen mit den Kindern erstellte Waisenhauskalender neben einem Tag des ersten Schnees, dem Tag des Schmutzfinken oder dem Tag des Schludrigen auch einen Tag der Toten: „§ 18. Tag der Toten. – Während des Morgengebetes werden die Namen der gestorbenen Zöglinge ins Gedächtnis gerufen" (Korczak 1999a [1920], 313).

Korczak mutet sich uns weiter zu: Auch beim Thema Euthanasie agiert Korczak als Tabubrecher. Er fordert dazu auf, über Euthanasie nachzudenken, auch wenn man sie nicht gesetzlich geregelt ausüben dürfe – darüber sprechen müsse man jedoch, so Korczak in seinen vorsichtigen Reflexionen: „Die Euthanasie. Ja. Ohne Schmerz töten, ganz selten und ganz vorsichtig. Man darf das nicht tun, aber davon sprechen darf und muss man" (Korczak 2004 [1937], 455). Er wollte sich die Freiheit des unzensierten Gedankens nicht verwehren. Er lässt seinen Gedanken auch freien Lauf und widmet der Sterbehilfe in seinem Tagebuch aus dem Warschauer Ghetto ein ganzes Kapitel. Er denkt im Ghetto darüber nach, ob er die Kinder vom schrecklichen Leben im Ghetto erlösen solle – und entscheidet sich dagegen: „Als ich in schweren Stunden den Plan erwog, zur Vernichtung verurteile Säuglinge und Greise des Juden-Ghettos zu Tode zu bringen (einzuschläfern), begriff ich das als Mord an Kranken und Schwachen, als Meuchelmord an Unwissenden" (Korczak 2005a [1942], 358). Auch für sich selbst nahm er in Anspruch, dass er bei Bewusstsein und bei Sinnen sterben wolle (Korczak 2005a [1942], 368). So kann in letzter Konsequenz das von ihm ausgerufene Recht auf den Tod auch eines auf den ganz eigenen und persönlichen Tod sein, den jeder selbst sterben muss.

Janusz Korczak war nicht fahrlässig oder naiv-unbekümmert. Er hat schwierige Themen nicht einfach nur aufgeworfen und die Kinder mit ihnen allein gelassen, sondern es sich zur Aufgabe gemacht, Ansprechpartner und Erklärer zu sein.

3. Janusz Korczak, der Kräftezähmer: Angebote kindgerechter Begleitung

Das Tabu, das Janusz Korczak mit diesem Recht brach, und die Kräfte, die er damit freiließ – auch Ängste und Sorgen der Kinder –, versuchte er zu zähmen, indem er sie zum Beispiel auf eine poetisch-erzählerische Weise entwicklungssensibel begleitete. Schauen wir uns beispielhaft an, wie er das gemacht hat.

3.1 „Vorträge am Lehrstuhl für Märchen." Mit der Kraft der Märchen Kinder stärken

Korczak hat sein Leben lang gerne Märchen erzählt und geschrieben – die Kinder standen ihm als erste verlässliche Kritiker zur Seite, er hat ihre Meinung zu seinen Entwürfen eingeholt. Märchen waren für ihn mitunter ein Lebenselixier. Das Eintauchen in die symbolhafte Phantasiewelt der Märchen und in ihre tiefenpsychologischen Dimensionen war für ihn heilsam. Augenzeugen aus dem Warschauer Ghetto erinnern sich: „Der Alte Doktor erzählt Märchen. [...] Die Kinder haben Hunger und Kälte vergessen. Nur Korczak konnte ihren Hunger mit Poesie stillen, nicht mit Brot, konnte sie wärmen, nicht mit Kohle, sondern mit einer lebensprühenden Phantasie, mit Humor, Lachen und Weinen" (Korczak 2005a, 190; Fußnote). Um die Wichtigkeit der Märchen als Volkspoesie und konservierte Weisheit seiner Zeit zu unterstreichen, forderte er gar „Vorträge am *Lehrstuhl für Märchen* an der pädagogischen Fakultät der Universität" (Korczak 2004 [1935], 357) – auch um die von ihm erfahrene und beobachtete positive Wirkung der Märchendidaktik wissenschaftlich zu untermauern. Die Empfänglichkeit für Märchen und ihre Symbolhaftigkeit hatte Korczak bereits in seiner Zeit als Militärarzt im Ersten Weltkrieg erfahren. In seinen Kriegsreflexionen berichtet er davon, dass er Soldaten auf ihren Wunsch hin immer wieder Märchen erzählte, vor allem das Märchen vom gestiefelten Kater. Korczak war sich sicher, alle Menschen – ob jung oder alt – hören gerne Märchen und brauchen sie auch (Korczak 2004 [1935], 354-367). Indem Korczak das Kind im Modus des Märchens ansprach, berücksichtigte er damit die dem Kind immanente und vertraute Weltwahrnehmung: „Und ich weiß, dass jedes Kind dasjenige und so viel aus meinem Märchen aufnimmt, als es will und kann. Ich weiß, dass in jedem Hörer Regulatoren, Dämpfer, Schalter, Sicherungen wirksam sind – ein ganzer, großer Absorptions- und Abwehrapparat – ich vertraue auf den Organismus des lebendigen Kindes" (Korczak 2004 [1935], 357). Korczak wählte seine Märchenmotive aus der unmittelbaren Lebenswelt der Kinder, die Themen waren ihnen nicht fremd: Anlässlich der Renovierungsarbeiten des Waisenhauses veröffentlichte er in der Waisenhauszeitung die Geschichte vom Nussbaum, der um seinen Freund, den Kamin, trauert. Mit dieser Erzählung sensibilisierte er die Kinder für die Wichtigkeit der Trauer und die Notwendigkeit des Gedenkens: „Der schiefe Kamin schaute zu, wie das große Haus, in dem ihr jetzt wohnt, wuchs – und er war traurig, denn er wusste, dass, wenn das neue Haus wuchs, er sterben müsste. Und so geschah es. [...] Ich erinnere mich, wie der Kamin zitterte, sein Haupt neigte und etwas zum Nussbaum sagte. Vielleicht verabschiedete er sich von ihm, vielleicht bedankte er sich dafür, dass der Nussbaum ihn vor dem Wind geschützt hatte. [...] Wenn es still wird auf dem Hof, dann fragt den Nussbaum nach dem kleinen Häuschen und dem schiefen Kamin. Der Baum wird sich freuen, dass ihr euch an seinen Freund erinnert, der gestorben ist" (Korczak 2003 [1914], 334).

Dieses Märchen vom Nussbaum ist deswegen so besonders, weil es zeigt, dass Janusz Korczak sich unermüdlich bemühte, mit den Augen des Kindes die Welt wahrzunehmen, ihren Zauber. Der Ausgangspunkt für das Märchen ist ein nüchterner, von Magie scheint für Erwachsene erst einmal nichts auf: Das Außengelände des Waisenhauses wird erneuert. Und was macht Korczak daraus? Er nutzt das Kleine, das Unscheinbare, das Alltägliche als Bühne für die ganz großen Themen. Nicht weniger als Abschied, Trauer, Freundschaft und Hoffnung verhandelt er im Märchen vom Nussbaum. Er konnte das so feinfühlig und unbekümmert, weil auch für ihn selbst das Leben ein einziges Märchen, ein Geheimnis war: „Das Märchen von der Entstehung des Menschen, von Wiegen und Särgen, das Märchen vom Spital, von der Kirche, vom Friedhof [...]" (Korczak 2004 [1935], 356). Nicht weniger als die existenziellen Themen des Menschseins – und der Tod ist das größte, da geheimnisvollste – mutet Korczak den Kindern in seinen Märchen zu.

Schauen wir uns eine weltbekannte Märchenfigur an, die Korczak erschuf: König Maciuś. Der Kinderkönig Maciuś stellt sich in seinen Abenteuern mutig den archetypischen Lebensthemen Glück, Hoffnung, Angst, Mut, Liebe und Tod.

3.2 Ein mutiger Kinderbuchautor: König Maciuś muss sterben – und vorher leben

Als Korczak-Experte der ersten Stunde arbeitete Friedhelm Beiner mit seinem Team an der Korczak-Forschungsstelle der Bergischen Universität Wuppertal heraus, dass Korczak die Schriftstellerei mit dem pädagogischen Anspruch verband, Kinder und Jugendliche mit unterschiedlichen Lebensthemen in Berührung kommen zu lassen. Seine pädagogischen Ansichten – wie Menschenrechte, Achtung, Demokratie, Kompromisse, Solidarität – webte er im Sinne einer poetischen Pädagogik in seine Märchen, Geschichten, Erzählungen und Kinderbücher ein (Beiner et al. 1982, 73 ff.). Wie seine Schriftstellerkollegin Astrid Lindgren macht Korczak die Tabuthemen Sterben, Tod und Trauer zum Gegenstand seiner Kinderliteratur und damit zum Bildungsthema der lesenden Kinder (Frink 2022). Der Protagonist König Maciuś wird den Kindern gleich am Anfang der Geschichte als ein Kind vorgestellt, das trauert: Der Vater ist sterbenskrank. Das Märchen fängt an mit folgendem Satz: „Es war einmal … Der Doktor sagte, wenn der König nicht in drei Tagen genese, sei das sehr schlimm" (Korczak 2002a [1923], 11). Die Rahmenhandlung, die dazu führt, dass der kleine Maciuś im Verlauf zu einem Kämpfer der Kinderrechte wird, weil er den Vater auf dem Thron beerben muss, ist eine existenzielle. Die in der Nacht herbeigerufenen Minister beraten ob dieser Tragödie, was zu tun sei. Sie kommen auf vielerlei Ideen, unter anderem welche, die ihrer Bereicherung dienen (Den Wein des Königs leer trinken! Seine Zigarren aufrauchen!). Des Königs Sohn Maciuś, von dem Lärm im Schloss in der Nacht aufgewacht, kann nicht zu den Ministern vordringen, um nachzufragen, was los sei, denn: „Vor der Tür des Speisesaals blieb er stehen, nicht um zu lauschen, sondern weil im königlichen Schloss die Klinken so hoch waren, dass der kleine Maciuś die Türen nicht allein öffnen konnte" (Korczak 2002a [1923], 13). Bereits auf den ersten zwei Seiten der Geschichte schafft es Korczak, die ihm wichtigen Themen, wie die Benachteiligung von Kindern im Alltag, in das Narrativ einzubinden. Wir lesen weiter im Märchen: „Ein wenig schläfrig und ein wenig erschrocken ging er [Maciuś] den Korridor entlang und hörte durch die Tür des Ratssaals ein anderes Gespräch. ‚Ich aber sage euch, dass der König sterben wird. Mögt ihr ihm auch Pulver und andere Arzneien geben – es wird alles nichts helfen'" (Korczak 2002a [1923], 14). An dieser Stelle erkennen wir Dr. Henryk Goldszmit, den Arzt, der auf die Grenzen der Medizin aufmerksam macht. In seinen medizinischen Studien und in seinen sozialkritischen Reflexionen verwies Korczak immer wieder auf den Umstand, dass auch er an Grenzen kommt und Medizin nicht immer helfen muss. Auch Kindern gegenüber hat er das in dieser Offenheit formuliert. Im Wochenblatt des Dom Sierot erklärte er den jungen Leserinnen und Lesern: „Wenn jemand krank ist, sehr krank, dann sitzt der Arzt oft die ganze Nacht bei ihm. Manchmal hilft das, aber manchmal hilf es nichts – und der Kranke stirbt. Aber dann sagt der Arzt: Ja, was soll man machen, ich habe alles getan, was ich konnte, es ist nicht gelungen‟ (Korczak 2003 [1914], 345). Das tat Korczak nicht, um Kindern ihrer Hoffnungen zu berauben, sondern um keine falschen Heilsversprechen zu machen. Er betont jedoch, der Arzt habe „alles getan“, er war nicht fahrlässig, hat Hilfe zukommen lassen, hat den Kranken nicht sich selbst überlassen. Im weiteren Verlauf der Geschichte von Macius wird er auch immer wieder auf Beziehungen und Freundschaften hinweisen, die einen stärken in der Not. Die Botschaft an die Kinder: Es wird nicht immer ein Happy End geben, aber es werden sich Mitmenschen finden, die einem beistehen, so steht auch ihr einander bei. Auf diesen Fürsorge-Gedanken der Zöglinge untereinander hat er immer wieder in der Zeitschrift des Waisenhauses aufmerksam gemacht: „Warum haben wir darüber berichtet, dass die Großmutter von Gelberg krank war? Weil wir möchten, dass unsere Kinder von den familiären Sorgen ihrer Kameraden wissen und sich bemühen, ihnen zu helfen. […] Die Kinder müssen aber lernen, sich um ihre Brüder und Schwestern zu kümmern. Wir bitten die Kinder, Nachrichten über ihre Familien der Zeitung mitzuteilen“ (Korczak 2003 [2014], 336 f.).

Wird den Kindern in ihrem Leben das Recht auf den Tod als Thema im Leben gewährt, setzt das also eine Haltung Kindern gegenüber voraus, die von angemessener Offenheit und Ehrlichkeit geprägt ist. Die Kinder haben mit dem Recht auf den Tod als natürlichen Bestandteil im Leben dann auch das Recht auf Information und Kommunikation über den Tod (Maluga 2020). Dieses Recht hat Korczak den Kindern eingeräumt, beispielsweise indem er sie sachlich dazu informierte. Die Zeitschrift des Waisenhauses Dom Sierot hieß „In der Sonne“ und erschien wöchentlich. Sie wurde jeden Samstag mit allen Kindern und Erziehern gelesen und es wurde zu unterschiedlichen Themen diskutiert. Veröffentlicht wurden sachliche Erläuterungen zum Ersten Weltkrieg oder zur Scharlachpandemie und wie man dieser Herr werden könne (Maluga 2022). Die Kinder sollten Bescheid wissen über die Vorgänge außerhalb des Waisenhauses, sachlich informiert werden und die Möglichkeit zum Austausch erhalten, um Ängsten vorzubeugen. Den Erzieherinnen und Erzieher war es bewusst, dass sie diese Nachrichten nicht vor den Kindern würden verheimlichen können.

Auch im Märchen vom kleinen König Macius wird es kein Happy End im eigentlichen Sinne geben: Macius, der Kinderheld, wird sterben. Die Geschichte endet mit folgenden letzten Sätzen: „Macius schloss die Augen – und öffnete sie nie mehr. Und schon wusste die ganze Stadt, dass Macius gestorben war. Und das ganze Land. Und die ganze Welt. Auf dem hohen Berg der einsamen Insel wurde Macius begraben. Alo und Ala schmückten Macius' Grab mit Blumen. Über dem Grabhügel singen die Kanarienvögel" (Korczak 2002a [1923], 399).

Folgendes finde ich interessant: Das Märchen vom König Macius führt Korczak auf die klassische Art und Weise ein, die auch in Polen bekannt war „Es war einmal …" Nur endet er nicht, wie klassische Märchen enden, mit „Und wenn sie nicht gestorben sind, dann leben sie noch heute!" Man kann ihm das vorwerfen, diese vermeintliche Härte, aber er macht den Kindern weder vor, dass das Baby vom Storch gebracht wird, noch dass die Helden leben bis in alle Ewigkeit. Was für eine tragische Geschichte, werden die meisten Erwachsenen wohl denken. Aber wir sehen hier im Grunde ‚nur' die Rahmenhandlung, den Anfang und das Ende. Dazwischen aber spielt sich auf vielen hundert Seiten die eigentliche Geschichte von Macius ab: die Freundschaften, die geknüpft, die Revolutionen, die ausgerufen werden; die Siege und Niederlagen, die Abenteuer – das Leben.

Es darf geschlussfolgert werden: Korczaks Pädagogik ist keine Zumutung. Sie ist eine Antwort auf die Herausforderungen des Lebens. Der Weltenwanderer Korczak hat uns Existenzielles zum Nachdenken hinterlassen, an dem sich jede und jeder von uns selbst abarbeiten und positionieren darf – nein, muss. Dass genau das die Aufgabe von uns Erwachsenen ist, daran hat Korczak keinen Zweifel gelassen. „Lerne dich selbst kennen, ehe du Kinder zu erkennen trachtest. – Mache dir klar, wo deine Fähigkeiten liegen, ehe du anfängst, den Kindern den Bereich ihrer Rechte und Pflichten abzustecken. – Unter ihnen allen bist du selbst ein Kind, das du vor allem kennenlernen, erziehen und formen musst. Es ist einer der schlimmsten Fehler zu meinen, die Pädagogik sei die Wissenschaft vom Kind und nicht – vom Menschen" (Korczak 1999, 147).

Literatur

Ariès, Philippe (2009/1978): Geschichte des Todes. 12. Aufl. München.

Armbrüster, Tobias (2023): Soziologe Hurrelmann: Dauerkrisenmodus. Online: https://www.deutschlandfunk.de/interview-klaus-hurrelmann-soziologe-bielefeld-zu-verlorene-krisengeneration-dlf-a9dce257-100.html (Zugriff:19.03.2024).

Bartosch, Ulrich/Maluga, Agnieszka/Bartosch, Christiane/Schieder, Michael (2015): Konstitutionelle Pädagogik als Grundlage demokratischer Entwicklung. Annäherungen an ein Gespräch mit Janusz Korczak. Bad Heilbrunn.

Beiner, Friedhelm/Kirchhoff, Hella/Lax, Elisabeth (1982): Die Rechte des Kindes im Spiegel der Kinderbücher Korczaks. In: Beiner, Friedhelm (Hg.): Janusz Korczak. Zeugnisse einer lebendigen Pädagogik, vierzig Jahre nach seinem Tod: Referate des Ersten Wuppertaler Korczak-Kolloquiums. Heinsberg, S. 73-138.

Benjamin, Walter (1991): Der Erzähler. Betrachtungen zum Werk Nikolai Lesskow. In: Aufsätze, Essays, Vorträge. Gesammelte Schriften Band II. Frankfurt/M., S. 438-465.

Cramer, Friedrich (1997): Leben. In: Christoph Wulf (Hg.): Vom Menschen. Handbuch historische Anthropologie. Weinheim, S. 46-54.

Dauzenroth, Erich (1978): Janusz Korczak, der Pestalozzi aus Warschau. Zürich.

Deutscher Ethikrat (2022): Pandemie und psychische Gesundheit. Aufmerksamkeit, Beistand und Unterstützung für Kinder, Jugendliche und junge Erwachsene in und nach gesellschaftlichen Krisen. Ad-hoc Empfehlungen vom 22.11.2022.

Frink, Monika (2022): Pipi Langstrumpf und der Zweite Weltkrieg. Ein anderer Blick auf Astrid Lindgren. In: Schneider, Armin/Maluga, Agnieszka (Hg.): Kita aktuell spezial Krieg und Frieden in der Kita. Fachzeitschrift für Leitungen, Fachkräfte und Träger der Kindertagesbetreuung. 23. Jahrgang, 4/2022, S. 38-40.

Korczak, Janusz (1999): Wie liebt man ein Kind. Erziehungsmomente. Das Recht des Kindes auf Achtung. Fröhliche Pädagogik. Bd 4. Gütersloh.

Korczak, Janusz (2000): Bobo. Die verhängnisvolle Woche. Beichte eines Schmetterlings. Wenn ich wieder klein bin. Regeln des Lebens. Über die Einsamkeit. Bd. 3. Gütersloh.

Korczak, Janusz (2002a): König Macius der Erste. König Macius auf der einsamen Insel. Bd. 11. Gütersloh.

Korczak, Janusz (2002b): Sozialkritische Publizistik. Die Schule des Lebens. Bd. 7. Gütersloh.

Korczak, Janusz (2003): Ein hartnäckiger Junge: Das Leben des Louis Pasteur. Publizistik für Kinder und Jugendliche. Berichte und Geschichten aus den Waisenhäusern. Bd. 13. Gütersloh.

Korczak, Janusz (2004): Theorie und Praxis der Erziehung. Pädagogische Essays 1898–1942. Bd. 9. Gütersloh.

Korczak, Janusz (2005a): Briefe und Palästina-Reisen. Dokumente aus den Kriegs- und Ghetto-Jahren. Tagebuch – Erinnerungen. Varia. Bd. 15. Gütersloh.

Korczak, Janusz (2005b): Kleine Rundschau, Chanukka- und Purim-Szenen. Bd. 14. Gütersloh.

Maluga, Agnieszka (2020): Die Rechte des Kindes und der Tod. Janusz Korczaks Pädagogik der Achtung in der Kinderhospizarbeit. Bad Heilbrunn.

Maluga, Agnieszka (2022): Wie Janusz Korczak mit Kindern über Krieg und Tod sprach. In: Schneider, Armin/Maluga, Agnieszka (Hg.): Kita aktuell spezial. Krieg und Frieden in der Kita. Fachzeitschrift für Leitungen, Fachkräfte und Träger der Kindertagesbetreuung. 23. Jahrgang, 4/2022, S. 15-17.

Niethammer, Dietrich (2008): Das sprachlose Kind. Vom ehrlichen Umgang mit schwer kranken und sterbenden Kindern und Jugendlichen. Stuttgart.

Petzold, Hilarion/Huck, Karin (1984): Death Education, Thanatagogik. Modelle und Konzepte. In: Spiegel-Rösing, Ina/Petzold, Hilarion (Hg.): Die Begleitung Sterbender. Theorie und Praxis der Thanatotherapie: ein Handbuch. Paderborn, S. 501-576.

Rest, Franco (1977): Praktische Orthothanasie (Sterbebeistand) im Arbeitsfeld sozialer Praxis. Opladen.

Rest, Franco (1992): Erziehung in der Sterblichkeit. Einige Gedanken im Anschluss an Janusz Korczak. In: Longardt, Wolfgang/Straeck, Burkhard (Hg.): Gib uns Augen, dass wir staunend seh'n. Religionspädagogische Fragestellungen und Praxismodelle. Hamburg, S. 242-259.

Weber-Kellermann, Ingeborg (1986): Die helle und die dunkle Schwelle. Wie Kinder Geburt und Tod erleben. München.

Weizsäcker, Carl Friedrich von (1980): Der Garten des Menschlichen. Beiträge zur geschichtlichen Anthropologie. Frankfurt/M.

Winkler, Michael (2013): Demokratie, Pädagogik und Soziale Arbeit – Irritationen bei der Lektüre von Janusz Korczak. In: Mührel, Eric/Birgmeier, Bernd (Hg.): Menschenrechte und Demokratie. Perspektiven für die Entwicklung der Sozialen Arbeit als Profession und wissenschaftliche Disziplin. Wiesbaden, S. 183-204.

Zirfas, Jörg (2014): Geburt und Tod. In: Wulf, Christoph/Zirfas, Jörg (Hg.): Handbuch Pädagogische Anthropologie. Wiesbaden, S. 329-340.

ULRICH BARTOSCH

„Hallo alter Doktor! Was geht?"

Korczak – Beobachtungen im Horizont unserer Gegenwart

Vielen Dank, dass Sie mir die Zeit schenken, einige meiner Beobachtungen zu Janusz Korczak mit Ihnen zu teilen.[1] Von den vielen Gründen, die eine Beschäftigung mit dem Werk des großen polnischen Kinderarztes und Pädagogen rechtfertigen, greife ich für mich heute zwei heraus:

1. Verantwortung

Es jährt sich zum achtzigsten Mal, dass Korczak mit seinen Mitarbeiterinnen und Mitarbeitern zusammen mit den Kindern des Waisenhauses zum „Umschlagplatz" des Warschauer Ghettos gezogen ist. Von dort wurden sie alle in Viehwaggons „verladen" und ins Vernichtungslager Treblinka „deportiert". Es war der 5. oder der 6. August 1942. Wegen ihres jüdischen Glaubens wurde diese Kinderschar mit ihren erwachsenen Begleiterinnen und Begleitern im deutschen Namen ermordet – schrecklicher, konkreter Teil des unfassbaren deutschen Projekts zur Vernichtung eines ganzen Volkes. Einem deutschen Pädagogen ist es versagt, über Korczak zu sprechen, ohne die eigene historische Verantwortung in der generationsübergreifenden Verstrickung in diese Tat für sich anzunehmen. Ich bin Christina Hansen und Kathrin Eveline Plank sowie Thomas Wünsch und allen, die mitgeholfen haben, für Korczaks pädagogische Gedankenwelt einen konkreten Platz in unserer Universität zu schaffen, sehr, sehr dankbar. Und ich freue mich sehr, dass Sie, verehrte, liebe Studierende, Ihre

---

[1] Der vorliegende Beitrag wurde weitgehend in der ursprünglichen Redeform belassen. Auf ein detailliertes Literaturverzeichnis wird verzichtet. Hierfür sei auf die folgenden Sammelbände verwiesen, die neben Beiträgen des Verfassers zahlreiche weitere Zugänge zum Werk Korczaks erschließen und einen umfangreichen Quellenzugang ermöglichen: Steiger, Siegfried/Maluga, Agnieszka/Bartosch, Ulrich (2017): Der Blick ins Freie. Im Diskurs mit Janusz Korczak. Bad Heilbrunn; Bartosch, Ulrich/Maluga, Agnieszka/Bartosch, Christiane/Schieder, Michael (2015): Konstitutionelle Pädagogik als Grundlage demokratischer Entwicklung. Annäherungen an ein Gespräch mit Janusz Korczak. Bad Heilbrunn.

Sinne für die Begegnung mit Korczaks besonderer, „konstitutioneller" Pädagogik geöffnet haben.

Sie erweisen Dr. Henryk Goldszmit, alias Janusz Korczak, die Ehre, indem Sie sein Werk und Wirken nicht nur zur Kenntnis nehmen, sondern seine Wege in Warschau selbst nachgegangen sind. So haben Sie erlebt, dass die Auslöschung von Korczaks Lebenswelt in großem Umfang gelungen ist. Es ist ein Zufall und besonderes Glück, dass das „Dom Sierot" zum großen Teil erhalten geblieben ist und für uns damit eine räumliche Erfahrung von Korczaks Welt möglich bleibt. Die jüdisch geprägte Mitgestaltung der polnischen Kultur, Wissenschaft, Gesellschaft ist fast vollständig beseitigt. Hier begründet sich ein konkreter Anteil unserer Verantwortung als deutsche Wissenschaftlerinnen und Wissenschaftler. Das Umfeld für eine weitere Entwicklung der Ideen von Janusz Korczak war mit dem Holocaust zum Verschwinden gebracht. Die Persönlichkeiten der polnisch-jüdischen Kultur wurden ermordet oder über die Welt verstreut. Wenn aber ein Volk seiner Geschichte beraubt wird, dann erst gelingt das Projekt der Vernichtung im Modus der vollständigen Auslöschung. Spüren Sie unsere Verantwortung? Wenn wir nicht das Unsrige tun, diese Auslöschung zu verhindern, treten wir in den Schulterschluss mit den Täterinnen und Tätern. Was Sie, liebe Studierende, hier also machen, ist aktiver Widerstand gegen die Strategie der verbrecherischen deutschen Politik unter dem nationalsozialistischen Herrschaftssystem. Soweit reicht eben unsere bestehende Mit-Verantwortung und soweit reichen zugleich unsere Möglichkeiten des Handelns.

2. Würde

Unsere heutige Befassung mit Korczaks Pädagogik ist eingebettet in die aktuelle Erfahrung des Angriffskrieges von Putins Russland gegen die Ukraine. Warum könnte diese Rahmenbedingung unsere Reflexionen zu Korczak beeinflussen? Zunächst teilen wir mit Korczak damit jetzt etwas, das seinen Lebenslauf vielfach geprägt hat: die Gegenwart des Krieges. Es ist etwas anderes, ob man sich mit Fragen des Friedens in der Wahrnehmung echter Gefahr und in tiefer Sorge beschäftigt, oder ob man über diese Gefahr nur als tradierte Erinnerung redet. Korczak kennt den Krieg. Korczak weiß um die Realität des Krieges in seiner Welt. Und Korczak ist kein friedenssehnsüchtiger Weltverbesserungspädagoge. Er begegnet uns geradezu erschreckend nüchtern und realistisch. Als die Deutschen Polen angreifen, legt er – der Veteran – demonstrativ seine polnische Offiziersuniform an. Er weiß und akzeptiert, dass der Konflikt, dass der Krieg zum menschlichen Zusammenleben gehört. Dabei bleibt es seine Gewissheit, dass es immer Konflikte zwischen Menschen geben wird. Zugleich hegt er Hoffnung, dass die Austragung der Konflikte zwischen den Menschen in rechtlichen Bahnen gehegt werden könnte. Hier unterscheidet sich dieser Janusz Korczak von vielen Pädagoginnen und Pädagogen der Disziplingeschichte. Die Idee, mittels pädagogischer Beeinflussung der Generationen den Frieden der Welt herzustellen, ist ihm fremd. Die Vorstellung den Menschen konfliktfrei zu „machen", etwa durch Normalisierung, wie dies etwa fast zeitgleich Maria Montessori versucht, kann er nicht entwickeln. Korczak sieht den Menschen in seiner gegebenen Ambivalenz: schwarz und weiß, friedlich und streitbar, gut und böse. Deshalb muss dem Streit angemessener Platz eingeräumt werden. Nach Möglichkeit gilt es den Streit selbst zu kultivieren – mittels geregelter Prozesse im Rahmen des Rechts. Und es gilt vor allem die Frage des „Danach" zu bedenken. Wie ist das Zusammenleben der Konfliktparteien nach dem Konflikt zu sichern und welchen Beitrag kann die Konfliktaustragung hierfür leisten?

Wir können lernen von einem Janusz Korczak, der den Krieg kennt und nicht der Illusion erliegt, dass ein Zusammenleben ohne Konflikt zum Normalfall werden könnte. Man wird sich in diesen Dingen nicht ungestraft bereitwillig täuschen lassen – das erfahren wir gerade. Und man muss einen Plan haben, wie es danach weitergehen kann und soll. Nur auf den Frieden zu setzen, heißt am Ende keinen Weg in den Frieden mehr finden zu können.

Korczaks Lösungsvorschlag – das nehme ich hier vorweg – heißt: Verzeihen. Und wir werden nachher sehen, dass damit die einzige Form der vollen Souveränität des Opfers angestrebt wird. Man kann von Korczak lernen, dass weder Friedenssehnsucht noch Friedfertigkeit alleine ein kultiviertes Zusammenleben garantieren können. Dazu bedarf es des Rechtes als Rahmen, des „herrschaftsfreien" Diskurses und der gegenseitigen Achtung. Sie ermöglichen Würde.

3. Gespräch

Nach diesen zwei Vorbemerkungen zu meinen Motiven für den heutigen Vortrag bin ich Ihnen noch eine methodische Erläuterung zu meinem heutigen Vorgehen schuldig. Die wissenschaftliche Arbeit zu Janusz Korczak kann in vielfältiger Herangehensweise geschehen. Folgt man der Biographie des Arztes und Pädagogen, werden die persönlichen Hintergründe seiner Praxis und die vielfältigen historischen Bezüge seiner Theorie hervortreten. Selbstverständlich ist Korczak ein Kind seiner Zeit: Pole und Jude, aus wohlhabendem Haus und in ärmliche Verhältnisse geraten, Mediziner mit internationalem Horizont und Pädagoge mit nationaler und internationaler Ausstrahlung als der „alte Doktor".

Die Analyse seiner Theorie und seiner Praxis ist auf eine historische Verortung seines Schaffens angewiesen. Ebenso ist die Wirkungsgeschichte von Korczaks Werk ein guter Ausgangspunkt für die wissenschaftliche Erschließung seiner Arbeit. Sowohl die persönlich gefärbten Erinnerungen von Zeitzeugen als auch die spezifische Rezeption und die bemerkenswerte Ignoranz der deutschen Erziehungswissenschaft gegenüber diesem Autor geben vielfältige Aufschlüsse über die Besonderheiten seiner Konzeption. Aber, mit der umfangreichen Gesamtausgabe des Werkes in deutscher Sprache durch Friedhelm Beiner und Erich Dauzenroth ist auch für unseren Sprachraum eine werkimmanente Interpretation der Systematik und Genese seiner pädagogischen Arbeiten möglich geworden.[2] Auch hier, wie eigentlich für alle Zugänge zum Werk geltend, hat Korczak selbst mannigfaltige Hilfestellung zur Erschließung seiner Gedankenwelt durch reflexive Selbstbetrachtungen bereitgestellt.

Meine Einladung an Sie folgt methodisch einem weiteren möglichen Weg. Ich will in systematischer Weise und beispielhaft fragen: Welche Probleme will Janusz Korczak mit seiner pädagogischen Theorie und Praxis eigentlich aufgreifen? Welche Lösungen bietet er an? Schließlich ist für mich bedeutsam, ob die Problembeschreibung und/oder die Problemlösung so zeitlos angelegt sind, dass sie uns heute noch weiterhelfen könnten. Ich suche also das Gespräch mit Janusz Korczak: „Hallo alter Doktor! Was geht?"

Dieses Gespräch suche ich nicht mit dem Heroen und Märtyrer. Die fürchterlichen Umstände seiner Ermordung bleiben – wie gesagt – Bestandteil meiner Mit-Verantwortung als deutscher Pädagoge. Aber ihn als den Helden anzusprechen würde die Möglichkeit verstellen, mit diesem Mann auf Augenhöhe zu reden. Um die Augenhöhe aber geht es, wenn man Korczak verstehen will.

Sie wissen bereits, dass Janusz Korczak als Pionier für die Rechte des Kindes gelten muss. Was die UN-Kinderrechtskonvention für uns heute mit hoher Verbindlichkeit ausdrückt, ist für Korczaks Denken und Handeln viele Jahrzehnte früher bereits unbestrittene Grundlage: Kinder sind Menschen. Die – auch in der Pädagogik – weit verbreitete Vorstellung, dass aus Kindern erst Menschen werden durch Erziehung, ist absurd. Wenn aber Kinder Menschen sind, dann sind Menschenrechte eben Kinderrechte und umgekehrt.

Alle Menschen sind verschieden und doch folgen wir der Vorstellung, dass alle Menschen im Menschsein gleich sind. In den Menschenrechten wird dieses Menschsein als unveräußerlich und unantastbar ausgedrückt. Die Ver-

---

2   Korczak, Janusz (1996–2010): Sämtliche Werke. 16 Bände. Beiner, Friedhelm/Dauzenroth, Erich (Hg.). Gütersloh.

schiedenheit unter den Menschen ist kein Grund für eine Differenzierung ihres Menschseins. Vor der Erklärung der Menschenrechte, als dem Grund-Gesetz überhaupt, sind alle gleich.

Die bloße Postulierung der Gleichheit ist keine Garantie für die Durchsetzung der Menschenrechte im Einzelfall. Unsere Welt ist in ihrer Geschichte und in ihrer Gegenwart ein Ort der millionenfachen Missachtung der Menschenrechte. Dadurch werden sie aber ihrer Gültigkeit nicht beraubt. Und ihre tägliche Missachtung befreit uns nicht von der Pflicht, ihre Durchsetzung anzumahnen und zu ermöglichen. Korczaks Pädagogik ist als aktive Erfüllung dieser Pflicht angelegt. Also fragen wir ihn: „Was geht, alter Doktor?"

4. Gleichheit

Korczak packt ein ewiges Grundthema jeglicher pädagogischer Reflexion sehr spezifisch und ungemein fundamental an. Alle Erziehung muss sich die Frage stellen: Wie kommt die Freiheit zum Kinde, als einem zunächst völlig abhängigen Lebewesen? Die Verfügbarkeit des Kindes für die Absichten der Erwachsenen ist ab der Geburt eigentlich offensichtlich. Und selbstverständlich findet auch die systematische Unterwerfung des Kindes durch Zwang und Brechen des eigenen Willens in der Theorie und Praxis der Erziehung in der Geschichte und bis heute ihren schrecklichen Platz. Diese „schwarze Pädagogik" lasse ich in unserer heutigen Korczak-Reflexion ganz beiseite. Lassen Sie uns an jenen Diskurs anschließen, der dem Kind die eigene Freiheit als Projekt der Erziehung zuerkennt.

Wir beginnen dann in der Regel mit Jean-Jacques Rousseau, dessen Erziehungsroman „Emile" der konkreten Entwicklung von persönlicher Freiheit aus dem Status der Abhängigkeit heraus gewidmet ist (Rousseau 1979). Sie wissen, dass Rousseau einen methodischen Kunstgriff entwickelt, der als „indirekte Erziehung" in die Handbücher praktischer Erziehungskunst eingeht. Wenn Sie den aktuellen Erziehungsratgeberinnen und -ratgebern in unseren Medien lauschen, werden Sie die Methode Rousseaus bis heute in vielfacher Form aufspüren können. Außerdem überträgt Rousseau seine gesellschaftspolitische Vertragstheorie in die erzieherische Praxis, womit er das Problem erzieherischer Willkür einhegen will.

Rousseau gestaltet und steuert die „Welt" seines Zöglings Emile so perfekt, dass der Zögling selbst seine Entwicklung in „seiner" Welt als selbstgesteuert und selbstverantwortet erlebt. Das Aufwachsen von Emile geschieht innerhalb einer umfassenden Inszenierung, in der der Regisseur – zum Wohle und

Schutz des Kindes – nie die Kontrolle abgibt. Der Preis dieses großen Theaters ist für den Erzieher hoch. Er kommt nicht in den Genuss einer echten Beziehung zum Zögling, dessen jegliche aktuelle Erfahrung als Teil des Stückes vom Erzieher gleichzeitig auf der Bühne als Mitspieler und vom Regiepult als Spielleiter behandelt wird. Immerhin findet der Erzieher einen methodischen Weg, das Kind *gemäß seiner Entwicklung* ins Verhältnis zur Natur, zu den Dingen und schließlich zu den Menschen zu stellen. Dabei vermeidet der Erzieher die direkte Einwirkung auf das Kind. Durch das raffinierte Arrangement der kindlichen Erfahrung kommt dieses jeweils selbst zu Einsicht und folgt damit indirekt der Absicht des Erziehers. Die Anpassung an die Entwicklung des Kindes, das somit selbst der eigentliche Taktgeber für seine Erziehung werden soll, ist der revolutionäre Aspekt von Rousseaus Ansatz. Nun ist die Methode bis hierhin zugleich als Best Practice für fieseste Manipulation zu gebrauchen. Wie in allen Ansätzen, die eine pädagogische Reflexion der Freiheit des Kindes ernst nehmen, muss auch bei Rousseau dafür gesorgt werden, dass die Absicht des Erziehers zugleich die stellvertretend wahrgenommene Absicht des Kindes selbst ist. Hier kommt der Vertrag ins Spiel. Rousseau lässt Zögling und Erzieher einen Vertrag schließen, der die freiwillige „Unterordnung" des Zöglings bis zum Zeitpunkt seiner eigenen vollständigen Reife rechtfertigt. Diesen Vertrag kann der Zögling aber erst als Souverän unterzeichnen, wenn die Erziehung abgeschlossen ist. So wird das Handeln des Erziehers am Ende rückwirkend legalisiert und war am Beginn prospektiv durch die erwartete Zustimmung des Zöglings legitimiert.

Lassen wir mal beiseite, dass diese Konstruktion viele weitere Fragen aufwirft. Sie werden auch im weiteren Verlauf der Geschichte der Erziehung unterschiedlich aufgegriffen, von Pestalozzi über Fröbel bis zu Montessori oder Nohl. Eine Grundannahme bleibt für Rousseau, wie sie für alle Nachfolgenden gilt: Sie nehmen für sich eine archimedische Position des Wissens in Anspruch, die ihnen Sicherheit gibt, über die Interessen des Kindes, als wohlverstandenes Kindeswohl, an dessen Stelle zu entscheiden. Die dabei selbst propagierte Unverfügbarkeit des Kindes für die erziehende Person bleibt von deren freier Entscheidung abhängig. Das Wissen über den richtigen Weg der kindlichen Entwicklung ist zwischen Kind und Erwachsenen sehr ungleich verteilt. Und ebenso ist die Macht in dieser Beziehung nahezu ungeteilt auf Seiten der Erwachsenen. Die Quellen dieses Wissens werden unterschiedlich bestimmt. Bei Rousseau ist die Idee einer natürlichen Entwicklung entscheidend. In sie wird das Kind ohne störende menschliche Einwirkung hineingewirkt. Selbstredend weiß das Kind von dieser naturgeschichtlichen, philosophischen Erkenntnis nichts. Dieser Überblick zur individuellen Entwicklung ist dem weisen Erzieher vorbehalten, der also letztlich aus diesem Wissen die Legitimität seines Handelns begründet. Dergleichen Konstruktionen könnten wir bei den anderen Genannten vorfinden. Gemeinsam ist allen, dass sie die Gleichheit als Ergebnis des Erziehungsprozesses anstreben, aber wegen der unterschiedlichen Wissensbasis die natürliche Ungleichheit von Kind und Erwachsenem voraussetzen. Augenfällig wird dies jedermann durch die unvollständige körperliche und kognitive Entwicklung des Kindes. Sie muss zuerst überwunden werden, bis nach der Kindheit die Gleichheit gleichsam durch Erziehung erworben wurde.

Korczak entscheidet die pädagogische Grundfrage von Gleichheit in der Differenz radikal anders. Er postuliert: Das Kind wird nicht erst Mensch, es ist ein Mensch! Das ist ein Paukenschlag hinein in die Geschichte des Erziehungsdenkens. Machen Sie es sich bitte nicht zu leicht und sagen: Na ja, das gilt doch für Rousseau und Montessori in gleicher Weise. Der Unterschied liegt in der Zuweisung von unmittelbarer *aktueller* Geltung des Menschseins gegenüber dem zugestandenen Potential *künftiger* Geltung des Menschseins.

Ich könnte dies illustrieren, indem ich hier neben mich eine kleine, zierliche, jugendliche Person aus dem Auditorium stelle. Es würde dann unmittelbar ersichtlich, dass ich an körperlicher Stärke und Präsenz sowie an Lebensalter und Erfahrung dieser Person „überlegen" wäre. Ja, ich hätte keine Schwierigkeit die gedachte Person hochzuheben, auf den Tisch zu stellen usw. Selbstverständlich wäre dies in keiner Hinsicht akzeptabel. Aus den genannten Attributen darf ich keine Überlegenheit ableiten. Die Gleichheit von uns beiden würde letztlich auf der Basis des Rechts definiert. Und eben mit diesem Recht hätte die Person allen Grund, sich jegliche Art von Vereinnahmung durch mich zu verbitten. Halten wir fest, dass die Differenz hinsichtlich Reife (körperlich und kognitiv) sowie Alter keine stichhaltige Begründung für die unterschiedliche Zuweisung von Autonomie und Würde für eine Person liefern kann. So einfach ist das.

Nun bleibt aber doch das Faktum, dass Unterschiede bestehen – insbesondere zwischen Kind und Erwachsenem – und diese mit Blick auf eine Teilhabe am Leben und Gefährdung im Leben berücksichtigt werden müssen. Die Standard-Schlussfolgerung in der Erziehung kolportiere ich mal in dem Satz: „Wenn Du selbst mal groß bist, dann kannst, darfst, wirst Du auch …" Denken Sie an unseren Paar-Vergleich zurück. Wenn wir die grundsätzliche Entscheidung für die Gleichheit der Menschen nicht in Zweifel ziehen, und unsere gesamte Rechtsordnung in Deutschland folgt dieser Entscheidung, dann ist die Standard-Schlussfolgerung der Erziehung nicht akzeptabel. Vielmehr sind wir dann gefordert, inklusiv zu denken und zu handeln. Die Herausforderung an die

Pädagogin/an den Pädagogen lautet nun: Was kann und muss *ich* tun, damit das Kind teilhaben kann und zugleich seine Gefährdung abgewehrt wird? Da es um echte Teilhabe geht, ist für uns der methodische Trick der indirekten Erziehung nicht hilfreich. Ich will Ihnen wiederum einen sehr unwissenschaftlichen bildhaften Vergleich zumuten.

Eine Wippe funktioniert, wenn sich zwei körperlich ungefähr gleiche Partner gegenübersitzen. Mit der Schwerpunktverlagerung kommt die Wippe in Bewegung. Ein Erwachsener und ein Kind können nicht miteinander wippen. Eine beobachtbare Konsequenz auf den realen Spielplätzen ist dann, dass der Erwachsenen steht und das Kind auf der anderen Seite durch Krafteinsatz seiner Arme bewegt. Damit ist die Position des Kindes passiv gestellt. Um gemeinsam die Wippe zu erleben, müsste der Erwachsenen dem Kind entgegenkommen. Dafür muss er das Prinzip der Wippe durchschauen und das echte Erlebnis der kontrollierten Wirksamkeit anstreben. Hierfür muss er den Hebel der Wippe auf seiner Seite verkürzen. Dann würde die Bewegung zum gemeinsamen Erlebnis. (Ich empfehle Ihnen in diesem Zusammenhang eine Parallel-Ketten-Schaukel zu nutzen, sobald Sie die Gelegenheit dazu haben. In Installationen der Kükelhaus-Pädagogik können Sie dieses Gerät gelegentlich finden.)

Was geht in Sachen Gleichheit, alter Doktor?
Erkenne die Menschen in ihrer Würde, suche nach einer vielfältigen Praxis, die alle einbezieht, und handle auf Augenhöhe mit den anderen.

5. Nicht-Wissen

Es sollte Sie nicht verwundern, dass Janusz Korczak das Gegenmodell zum allwissenden Pädagogen entwirft. Wir haben ja gesehen, dass die Inanspruchnahme des besseren Wissens, über Grundlagen und Ziele der individuellen Entwicklung, die Bemächtigung des Erziehers/der Erzieherin über das Kind legitimiert.

Es ist immer wieder „erschütternd" – damit meine ich die Infragestellung meiner eigenen Expertenposition –, die einleitenden Gedanken zu Korczaks großem Werk „Das Kind lieben" zu lesen. Man sollte sich dabei vor Augen halten, dass ein bereits bekannter Kinderarzt einen vermeintlichen Erziehungsratgeber verfasst und mit der Offenlegung seiner Wissensgrenzen beginnt:

„*1. Wie, wann, wieviel – warum? Ich ahne viele Fragen, die auf Antwort warten, Zweifel, die Aufklärung fordern. Und ich antworte: ‚Ich weiß nicht'.* " (Korczak 1999, 10)

Meine Damen und Herren, der Kinderarzt Janusz Korczak, zu dem die Eltern voller Hoffnung und im Zutrauen auf dessen unzweifelhafte Expertise ihre kranken Kleinen bringen, kokettiert hier nicht mit seinem Nichtwissen. Er trifft eine pragmatische, folgenreiche Feststellung: Die Wissenschaft und meine Erfahrung verleihen mir nicht die Fähigkeit verbindliche, sichere Aussagen zur Erziehung zu machen. Wieder reißt uns ein Paukenschlag aus jeglichem gefälligen Erziehungsgedanken. „Dann lass es doch bleiben, und schreibe nicht über Dinge, die Du nicht weißt", möchte man rufen. „Du kannst mir offensichtlich nicht sagen, was richtig und was falsch ist!" Tatsächlich ist genau dies auch nicht die Absicht von Korczak:

„Immer, wenn du ein Buch aus der Hand legst und beginnst, den Faden eigener Gedanken zu spinnen, hat das Buch sein angestrebtes Ziel erreicht. – Wenn du rasch umblätterst – Vorschriften und Rezepte suchst und dich ärgerst, dass es so wenige sind – wisse, falls es da Ratschläge und Hinweise gibt, entspricht das nicht dem Willen des Autors. Ich weiß nicht und kann nicht wissen, wie mir unbekannte Eltern unter unbekannten Bedingungen ein mir unbekanntes Kind erziehen können – ich betone – können, nicht – wollen, und auch nicht – sollen. ‚Ich weiß nicht' – das ist in der Wissenschaft der Ur-Nebel, aus dem die sich neu formenden Gedanken auftauchen, und sie kommen der Wahrheit immer näher. ‚Ich weiß nicht', das ist für den mit dem wissenschaftlichen Denken nicht vertrauten Geist eine quälende Leere. Das schöpferische ‚Ich weiß nicht' des modernen Wissens vom Kind ist wunderbar, voller Lebendigkeit, voller hinreißender Überraschungen – und ich möchte lehren, es zu verstehen und zu lieben." (Korczak 1999, 10)

Das Buch will mich als Leser in die Lage versetzen, meine eigene Expertise als Erzieher (Vater, Mutter) zu entdecken und zu entwickeln. Dazu teilt Korczak mit mir seine sehr konkreten Erlebnisse und Erfahrungen, die sich als ein Kaleidoskop vielfältiger Praxis-Beobachtungen präsentieren. Auf zwei Aspekte will ich Sie aufmerksam machen: A) Der Text ist nicht als wissenschaftliche Erörterung aufgebaut, die zu fundierten Einsichten und Merksätzen führen würde. Die Nummerierung von Einzelabschnitten gliedert eher voneinander unabhängige Ereignisse und Reflexionen. Ich bin immer wieder an Goyas „Desastres de la Guerra" erinnert.[3] Eine Radierungsserie, die die Schrecken des Krieges nicht

---

3 Desastres de la guerra oder *Die Schrecken des Krieges* ist eine Folge von 82 Grafiken des spanischen Malers Francisco de Goya, die in den Jahren 1810 bis 1814 entstand. Die Aquatinta-Radierungen schildern die Gräueltaten der Soldaten Napoleons im Kampf mit

in einem Bild einfangen kann und will. „Das habe ich gesehen" und ähnliche Unterschriften betiteln die einzelnen Augenblicke, die Goya bezeugt. Korczaks Beobachtungen sind Aspekte der erzieherischen Realität. In der Gesamtschau seiner beschriebenen Episoden werden sich meine Schlussfolgerungen als Leser (und in meinem Fall als Vater) ergeben müssen. B) Mein Blick wird auf das Zusammenspiel von Mutter und Kind gelenkt (in der Tat ist die väterliche Position nicht so im Vordergrund). Die richtige Handlung wird von der Mutter aus der empathischen und sorgsamen Wahrnehmung der kindlichen Signale abgeleitet. Die wissenschaftlich begründete diagnostische Hypothese des Kinderarztes bleibt hinter dieser Mutter-Kind-Kommunikation zurück. Wohlgemerkt: Auch die Mutter „weiß nicht", aber mit Achtung vor dem Kind findet sie mit ihm gemeinsam eine vernünftige Handlungsmöglichkeit.

Wie soll man das Kind lieben, alter Doktor?
Schenke dem Kind Achtung. Und verpflichte Dich darauf.

6. Kommunikation

Erziehung findet auf der Basis unzureichenden Wissens statt. Daraus wäre vielleicht zu folgern, dass sie dann grundsätzlich überflüssig wäre? Korczak vertritt eine aktive Pädagogik, in der Erzieherinnen und Erzieher handeln müssen und handeln wollen. Nichts zu tun, ist keine Option. Wenn aber der Erwachsene keinen Anspruch auf die richtigen Entscheidungen aus seinem Wissen ableiten kann, wie kann dann erzieherische Praxis gestaltet werden? Die radikale Entscheidung zur Gleichheit und die pragmatische Einsicht des Nicht-Wissens berauben den Erwachsenen seiner unangefochtenen Führungsrolle. Der „Knabenführer" (Pädagoge) wird zum Begleiter ‚degradiert' – ja eigentlich zum bloßen Mitmenschen. Da hiermit die Grundfigur erzieherischen Handelns als methodischer, zielgerichteter Einwirkung auf das Kind zum Zwecke dauerhafter Entwicklung im Interesse des Kindes selbst, ausfällt, ist die Frage legitim, ob Korczak überhaupt als Pädagoge angesehen werden kann (Oelkers 2017, 157 f.).

Korczak muss, an die Stelle der begründeten Entscheidungen des Erwachsenen, die gemeinsam gewonnenen Einsichten von Kind und Erwachsenem als Grundlage der Entscheidungen setzen. Die erzieherische Methode richtet sich daher darauf, die Kinder zur gemeinsamen Entscheidung zu befähigen – freilich

---

der aufständischen spanischen Bevölkerung gegen die französische Besatzung (https://de.wikipedia.org/wiki/Desastres_de_la_Guerra; Zugriff am 03.03.2024).

altersgemäß, aber nicht exklusiv durch einen Verweis auf ihre fehlende Reife. Ich verweise auf das Bild von der Partizipationswippe.

Was Korczak in seinem Internat als praktische Lösung für die Kommunikationsaufgabe inszeniert, erinnert an eine vorweggenommene, praktische Umsetzung der idealen Figur des herrschaftsfreien Diskurses von Jürgen Habermas. Nochmals die Ausgangslage: Der Erwachsene ist nicht in der Lage – ausreichend begründet – die einzig verbindlichen Richtungsentscheidungen für das Zusammenleben von Kindern und Erwachsenen zu fällen. Kinder und Erwachsene sind Menschen. Es kommt ihnen die gleiche Würde zu. Somit müssen die nötigen Entscheidungen gemeinsam getroffen werden. Dafür müssen alle gemäß ihren Möglichkeiten mit Informationen versorgt werden. Schließlich müssen sich alle eine Meinung bilden können und schließlich an den Entscheidungen wirksam beteiligt werden. Korczak entdeckt schließlich, dass die parlamentarische Demokratie den Anforderungen dieser Vorgaben am besten entsprechen würde. Es muss jetzt darum gehen, Kinder und Erwachsene für diese Regierungsform zu befähigen. (An dieser Stelle würde sich anbieten, Vergleiche und Zusammenhänge mit Dewey oder Bernfeld bis zu Buber, Levinas und schließlich Honneth und Himmelmann aufnehmen. Ich beschränke mich aber auf Beispiele aus Korczaks Konzeption.)

Korczak strukturiert das Leben im Internat durch seine berühmten „Institutionen". Sie geben Kindern und Erwachsenen die Chance an einer gemeinsamen Öffentlichkeit zu partizipieren und somit an der politischen Willensbildung mitzuwirken. Mit der Tafel, einem schwarzen Brett, stellt er die gleiche Zugänglichkeit der wichtigen Informationen für alle sicher. Das Wissen wird mit allen geteilt. Der Bildung eines informierten Inner Circle wird vorgebeugt. Nun könnte man einwenden, dass die Tafel nur für die Lesekundigen nützlich ist. Aber alle Kleinen können die älteren Kinder auffordern, die Informationen der Tafel vorzulesen. (Dass damit ein Anreiz für Lesenlernen gegeben wird, ist freilich gewollt, aber nicht der versteckte didaktische Sinn der Info-Tafel!) In ähnlicher Weise sind der Briefkasten und nicht zuletzt die Zeitung dienlich. Mit der Verschriftlichung von Beschwerden oder Anregungen wird jede Stimme gewichtig (und auch zur reflektierten Äußerung entwickelt). Auch hier muss und kann man sich ggf. eines Schreibers bedienen, wenn man selbst noch nicht soweit ist. Die Zeitung, der Korczak auch persönlich umfassend seine Zeit widmet, verschafft der Gemeinschaft eine eigene Geschichte und damit Identität und sie dient nicht nur der Information, sondern, wie freie Presse sonst auch, der Meinungsbildung. Außerdem gibt es ein Parlament und eine Vollversammlung. In ihnen werden die Vorgänge öffentlich verhandelt.

Ein weiteres Netz von Institutionen unterstreicht und operationalisiert die Würde der einzelnen Person. So werden in einem Schrank für Fundsachen gefundene Gegenstände sorgfältig aufbewahrt, egal ob sie für den Finder einer Aufbewahrung wert scheinen oder nicht. Die Bedeutung des Gegenstandes kann nur vom Eigentümer eingeschätzt werden. Das Regal wiederum dient der Lagerung von Spielen und anderen Gegenständen zur gemeinsamen Nutzung, die von den Kindern selbstständig verwendet werden. Es ist nicht nötig, dafür die Hilfe bzw. die Erlaubnis eines Erwachsenen einzuholen. Im Laden können die Kinder kleine Utensilien des täglichen Bedarfs erwerben. Auch der Besitz von Geld (in sehr bescheidenem Umfang) oder Tauschobjekten gibt dem Kind Gelegenheit zur souveränen Entscheidung. Auch die allen zugänglichen im Haus verteilten Kehrbesen dienen der Souveränität der Kinder. Bei flüchtigem Hinsehen wird man diese Utensilien wiederum als pädagogische Instrumente identifizieren wollen. Immerhin könnten die Kinder damit zur selbsthergestellten Reinlichkeit bewegt werden und auch die Kostenersparnis durch weniger Reinigungspersonal wäre eine naheliegende Begründung. Aber auch hier geht es Korczak um die strukturelle Sicherung des demokratischen Zusammenlebens. Dafür müssen wir uns einem weiteren pädagogischen Grundproblem stellen: Wie ist das Machtgefälle zwischen Kind und Erwachsenem in seiner Wirkung zu berücksichtigen? Davor noch eine Frage:

Wie soll die Kommunikation zwischen Erwachsenen und Kindern gestaltet werden, alter Doktor?
So wie zwischen kultivierten Menschen. Auf Augenhöhe.

7. Konstitution

Die Begründung für Kehrbesen und Schaufeln mag überraschen. Korczak betont, dass auf diesem Wege die Mitwirkung von Erwachsenen im Internat so gering wie möglich gehalten werden kann. Warum ist das sinnvoll? Wir müssen an dieser Stelle eingestehen, dass wir in diesen Überlegungen ein fundamentales Grundproblem aller Erziehung noch nicht angepackt haben. Wie kann verhindert werden, dass aus dem unhintergehbaren Machtgefälle zwischen Erwachsenem und Kind ein unkontrollierter Machtmissbrauch durch den Erwachsenen entsteht? Hier aber liegt eine prinzipielle Anforderung an alle Pädagogik: Sie muss sich als anfällig für Machtmissbrauch analysieren und nachweisen, wie sie die Möglichkeit des Machtmissbrauchs verlässlich verhindert (Bartosch 2011)!

Korczaks Antwort zeigt sich in einer verbindlichen Rechtsordnung für alle Mitglieder des Internats. Die parlamentarische Demokratie bedarf also der rechtlichen Verfasstheit, die die Gleichheit aller festschreibt, und einer unabhängigen Rechtsprechung, die mit ausreichender Exekutivkraft zur Durchsetzung des Rechts flankiert wird. Erst an dieser Stelle wird es wirklich ernst mit Korczaks radikalem Ansatz. Kinder und Erwachsene sind gleichberechtigt vor dem Gesetz und somit haben sich auch die Erwachsenen dem Urteil des – durch Kinder vertretenen – Gerichts zu unterwerfen. Die häufig als Kindergericht bezeichnete Institution ist eben schlicht das Gericht im Internat. Nun wird auch verständlich, warum die Anzahl der Erwachsenen im Internat so gering wie möglich gehalten werden musste. Alle Erwachsenen mussten sich in diese Rechtsordnung einfügen. Wenn Sie sich an die – in der Regel freundlichen – Hausmeister ihrer Schulzeit erinnern: Hätten die sich dem Urteil der Zweit- oder Dritt-Klässler unterworfen? Wohl kaum. Und auch für die Erzieherinnen und Erzieher war diese Konsequenz nicht leicht zu akzeptieren. Hier wurde völlig neu über Autorität befunden.

Für Korczak allerdings bildet die Unterwerfung des Erziehers unter das Gesetz die methodische Schlüsselstelle seiner gesamten Konzeption:

„Im Laufe eines Halbjahres habe ich mich selbst fünfmal beim Gericht angezeigt. Einmal, weil ich einem Jungen eins hinter die Ohren gegeben hatte, einmal, weil ich einen Buben aus dem Schlafsaal geworfen hatte, einmal, weil ich einen in die Ecke stellte, einmal, weil ich einen Richter beleidigte und einmal, weil ich ein Mädchen des Diebstahls bezichtigt hatte. In den ersten drei Fällen bekam ich § 21, im vierten Fall § 71 und im letzten § 7. Jedes Mal hatte ich eine ausführliche schriftliche Aussage vorgelegt. Ich behaupte mit aller Entschiedenheit, dass diese wenigen Fälle Grundstein waren für meine Erziehung zu einem neuen ‚konstitutionellen‘ Pädagogen, der den Kindern nicht deshalb kein Unrecht zufügt, weil er sie gernhat oder liebt, sondern deshalb, weil es eine Institution gibt, die sie vor Ungerechtigkeit, Willkür und Despotismus des Erziehers schützt. " (Korczak 1999, 312)

Er experimentiert mit dem Gericht und mit dem Gesetzbuch, das in 1000 Paragraphen die Urteilsfindung grundlegt. Mehrmals muss er das Gericht aufheben, da die Disziplin für den ernsthaften Prozess noch nicht ausreicht. Aber er kommt immer wieder darauf zurück, weil für das Grundproblem der Eingrenzung erzieherischer Willkür keine bessere Lösung zur Verfügung steht. Die Befähigung des Kindes, sich gegen Machtmissbrauch der Erwachsenen erfolgversprechend und unabhängig zu erheben, ist bis heute ohne Alternative. Am Ende laufen auch unsere heutigen Ansätze zum Schutz des Kindes in diese Richtung, wenngleich sie die Konsequenz von Korczaks Position vermeiden.

Wie lässt sich Machtmissbrauch in der Erziehung verhindern, alter Doktor?
Durch eine konsequente konstitutionelle Pädagogik!

Gerechtigkeit/Würde/Zukunft/Verzeihen

Bis hierhin haben wir mit Korczak einige der wesentlichen Fragen der Erziehung reflektiert und seine spezifischen Antworten betrachtet. Es sollte deutlich geworden sein, dass dies Fragen von prinzipieller Natur sind und insofern keine historische Gültigkeit, sondern eine dauerhafte Geltung besitzen. Korczak hat für sie mögliche Antworten entworfen. Zu Beginn habe ich einen aktuellen Bezug zu unserer kriegerischen Gegenwart angedeutet und Korczak von jeglicher naiver Friedenspädagogik abgerückt.

Nach unserem schnellen und kursorischen Durchlauf lässt sich erkennen, dass Korczak sich keinen Illusionen über das menschliche Zusammenleben hingibt. Konflikt und Streit werden immer dazugehören. Daher ist es entscheidend eine kultivierte Form des Streites zu ermöglichen und die Streitbeilegung mit der Chance zum gemeinsamen Neuanfang zu verbinden. Der Blick in das Gesetzbuch eröffnet, dass Korczaks Gericht eine besondere Form der Gerechtigkeit sucht. Nicht Vergeltung und Rache bzw. Wiedergutmachung und Genugtuung für das Opfer stehen im Mittelpunkt. Auch wird der Täter nicht hinsichtlich seiner Verführung oder auch seiner Resozialisierung zentral positioniert. Hauptanliegen des Gerichts ist es dem Opfer zu ermöglichen, dem Täter zu verzeihen. Dazu bedarf es der schonungslosen Aufklärung über die Tat. Sie wird nicht verniedlicht. Auch ist ein Ausgleich von Schaden nicht von Nachteil. Entscheidend aber ist die Befähigung des Opfers dem Täter zu verzeihen (was dann ggf. auch die Gemeinschaft tut). Damit ist dem Opfer höchste Autonomie und Würde zugestanden. Zum Verzeihen kann niemand gezwungen werden. Es ist der Ausdruck eigener Freiheit. Die Würde des Menschen ist unantastbar. Meine Möglichkeit zu verzeihen verleiht mir Würde.

Die ersten 100 Paragraphen des Gesetzbuches dienen vorwiegend dem Verzeihen. Dann geht es in 100er-Schritten weiter. Und in sehr wenigen Fällen wurde auch der 1000er ausgesprochen. Mit dem Verweis aus dem Internat schützt sich die Gemeinschaft, deren wesentliches Interesse es sein muss, das Zusammenleben nach dem Konflikt weiterhin möglich zu halten. Entscheidend ist also, wie es nachher weitergehen kann. Das finde ich auch bezüglich der aktuellen Konflikte sehr bedenkenswert.

8. Die Rechte des Kindes

Abschließen will ich meine Beobachtungen nun mit der Magna Charta Libertatis für das Kind. Korczak hat hier die vielleicht dunkelsten und zugleich konsequentesten Sätze der pädagogischen Literatur formuliert. Wir erreichen damit wieder den Gedanken der Gleichheit. Was für die Kinder gilt, gilt für jeden Menschen. Unausweichlich verliert dann Pädagogik jeglichen Spaßcharakter und wird todernst:

„37. Achtung! Entweder wir verständigen uns jetzt, oder wir trennen uns für immer. Jeder Gedanke, der sich wegschleichen oder verstecken will, jedes Gefühl, das, sich selbst überlassen, umherschweifen will, müssen zur Ordnung gerufen und mit Willenskraft diszipliniert werden.

Ich fordere die Magna Charta Libertatis als ein Grundgesetz für das Kind. Vielleicht gibt es noch weitere, aber ich habe diese drei Grundrechte herausgefunden:
1.   Das Recht des Kindes auf den Tod.
2.   Das Recht des Kindes auf den heutigen Tag.
3.   Das Recht des Kindes, das zu sein, was es ist.
Man muss sich mit den Kindern vertraut machen, um bei der Verleihung dieser Rechte möglichst wenige Fehler zu machen. Irrtümer müssen sein. Wir sollten sie nicht fürchten: Das Kind selbst wird sie mit erstaunlicher Wachsamkeit korrigieren, wenn wir nur diese wertvolle Gabe, seine starke Abwehrkraft, nicht schwächen."[4]

Literatur

Bartosch, Ulrich (2011): Missbrauchte Macht – Pädagogik als Unterdrückung. In: Flocke, Vera/Schoneville, Holger (Hg.): Differenz und Dialog. Anerkennung als Strategie der Konfliktbewältigung? Berlin, S. 123-137.

Korczak, Janusz (1999): Wie liebt man ein Kind. In: Korczak, Janusz: Sämtliche Werke, Bd. 4, bearb. und komm. von Friedhelm Beiner und Silvia Ungermann.

Oelkers, Jürgen (2017): „War Korczak Pädagoge?" Ein Nachtrag. In: Steiger, Siegfried/Maluga, Agnieszka/Bartosch, Ulrich (Hg.): Der Blick ins Freie. Im Diskurs mit Janusz Korczak, Bad Heilbrunn.

Rousseau, Jean Jacques (1979/1762): Emile oder Von der Erziehung. München.

---

4   Korczak, Janusz (1999): Wie liebt man ein Kind. In: Korczak, Janusz: Sämtliche Werke; Bd. 4, bearb. und komm. von Friedhelm Beiner und Silvia Ungermann. Hierzu siehe insbesondere: Maluga, Agnieszka (2020): Die Rechte des Kindes und der Tod. Janusz Korczaks Pädagogik der Achtung in der Kinderhospizarbeit. Bad Heilbrunn.

ADAM FIJAŁKOWSKI

Auf Augenhöhe des Kindes

Comenius und Korczak – pädagogisches Verständnis über die Grenzen der Zeit hinaus

Was können wir aus den Klassikern der Pädagogik des 21. Jahrhunderts lernen?[1] Lohnt es sich noch, sie zu lesen – es scheint jedenfalls so. Die heutigen richtigen Bemerkungen, dass man mit einem Kind auf Augenhöhe sprechen soll und dass man den Kreis negativer, transgenerationeller Muster durchbrechen muss („break the cycle"), haben ihren Ursprung in früheren Jahrhunderten. Deshalb schlage ich vor, zwei Klassiker der Pädagogik zu vergleichen, die von der Notwendigkeit sprachen, mit dem Kind „auf Augenhöhe" zu kommunizieren: Comenius und Korczak.

Zu Beginn kann man die Frage stellen: Sind Jan Amos Comenius (1592–1670)[2] und Janusz Korczak (1878/79–1942) überhaupt vergleichbar (Dauzenroth 1981)? Beide sind Klassiker der Pädagogik. Beide gehören zur naturalistischen Erziehungswissenschaft. Beide waren in der Kinder- und Jugenderziehung auch in der Praxis tätig. Doch zwischen ihnen liegen 300 Jahre. Während dieses Zeitraums veränderte sich sehr viel in der erzieherischen Praxis, im theoretischen Denken über Erziehung, über die Bedeutung der Kindheit für die menschliche Entwicklung, über die Bedeutung der Reproduktion generationsübergreifender

---

1   Dieser Vortrag wurde am 13. Juni 2023 im Auditorium Maximum der Universität Passau gehalten. Ich möchte hier Prof. Dr. Christina Hansen und Dr. Kathrin Evelin Plank für die Einladung und freundliche Betreuung während meines Aufenthalts an der Universität Passau im Juni 2023 danken.

2   Die Sekundärliteratur zu Leben und Werk von Comenius ist in vielen Sprachen sehr umfangreich. Was das Leben und Werk von Comenius in deutscher Sprache betrifft, sind vor allem folgende Titel zu erwähnen: Milada Blekastad: Comenius: Versuch eines Umrisses vom Leben, Werk und Schicksal des Jan Amos Komenský, Oslo/Prag: Academia, 1969; Werner Korthaase, Sigurd Hauff, Andreas Fritsch (Hg.): Comenius und der Weltfriede/ Comenius and World Peace, Berlin: Deutsche Comenius-Gesellschaft, 2005; Petr Zemek, Jiří Beneš, Beate Motel (Hg.): Studien zu Comenius und Comeniusrezeption in Deutschland. Festschrift für Werner Korthaase. In: „Studia Comeniana et Historica", Bd. XXXVIII, Uherský Brod 2008.

Muster. In den 300 Jahren, die unsere beiden Klassiker trennen, entstanden die experimentelle Psychologie und die Entwicklungspsychologie. Auch die Medizin und insbesondere die Psychiatrie und die Kindermedizin ermöglichten uns einen anderen Blick auf Pädagogik und Kindheit.

Halb im Scherz, halb im Ernst können wir jedoch sagen, dass wir Comenius und Korczak auch deshalb vergleichen können, weil beide in Polen lebten, obwohl keiner von ihnen Pole war. Comenius verbrachte die schöpferischsten Jahre seiner Lehrtätigkeit (1628–1656, mit Unterbrechungen) in Polen, insbesondere in Leszno/Lissa bei Posen. Allerdings war er kein Pole, sondern ein Tscheche, genauer gesagt ein Mährer. Korczak hingegen wurde in Warschau geboren und verbrachte dort fast sein ganzes Leben, allerdings in einer assimilierten jüdischen Familie. Er sprach und schrieb Polnisch und war offensichtlich Teil der polnischen pädagogischen, aber auch der literarischen Kultur. Was für Korczak in den Wissensstand über die Kindheit eingeschrieben war, war für Comenius eher eine Frage der pädagogischen Empathie, der Reflexion aus der Erfahrung seiner eigenen Arbeit in der Schule und der Erziehung von insgesamt sechs eigenen Kindern, sowie der reformierten Theologie und der Lektüre der Autoren der sogenannten „didaktischen Bewegung" (Michel 1978) – Wolfgang Ratke (Kordes 1999) und ein Dutzend anderer Autoren, die in den Jahren zwischen 1613 und 1657 ihre didaktischen Bücher publiziert haben.[3] Was für Comenius „die Natur eines Kindes" war, war für Korczak bis zu seinem tragischen Ende im Nazi-Vernichtungslager Treblinka konsequent, ein Kind als Menschen in einer bestimmten Entwicklungsphase kennenzulernen und zu respektieren. Beide gingen daher in ihrer theoretischen Reflexion und pädagogischen Praxis von der Sicht des Kindes, von dessen Perspektive aus, und nicht von den von Erwachsenen angenommenen Erziehungszielen. Meiner Meinung nach sind diese Autoren daher vergleichbar. Aber kommen wir zu den Details.

Jan Amos Comenius wurde in eine den böhmischen Brüdern (*Jednota bratrská*, Unitas Fratrum) nahestehende Familie hineingeboren. Im Alter von zwölf Jahren wurde er Waise und wurde zunächst von seiner Tante und dann von der Gemeinschaft der Böhmischen Brüder großgezogen. In den Jahren

---

3   Eine ausführliche Analyse der Werke der Autoren der „didaktischen Bewegung", wie sie Comenius in der Einleitung zur „Großen Didaktik" ([Johann Amos] Comenius: Große Unterrichtslehre, hg. von Julius Beeger, Franz Zoubek, Berlin: Julius Klönne, 1871, S. 7) darlegt, findet sich im 2. Kapitel meiner Habilitationsschrift: Adam Fijałkowski: Tradycja i nowatorstwo w Orbis sensualium pictus Jana Amosa Komeńskiego [Tradition und Innovation im Orbis sensualium pictus von Jan Amos Comenius], Warszawa: Wydawnictwa Uniwersytetu Warszawskiego, 2012, S. 60-113.

1608–1611 wurde er am Gymnasium der Böhmischen Brüder in Prerau in Mähren unterrichtet, wo er eine gute humanistische Ausbildung erhielt. In den Jahren zwischen 1611 und 1613 setzte er seine Ausbildung an der reformierten Hohen Schule in Herborn fort. Während dieser Studienzeit in Herborn war Johann Heinrich Alsted (1588–1638) sein Lehrer – ein Enzyklopädist, einer der Vertreter der Rezeption der Peter-Ramus-Philosophie in Deutschland (Hotson 2007). Peter Ramus (Pierre de la Ramée, 1515–1572) war ein französischer Gelehrter: Philosoph, Mathematiker, Logiker, Philologe und Pädagoge. Er behandelte Philosophie und Logik als methodische Werkzeuge auch der Naturwissenschaften. Er war ein Kritiker der traditionellen humanistischen Schule, die beispielsweise nach dem Vorbild von Johannes Sturm im Straßburger Gymnasium Illustre (1538) versprach, sich das Trivium in den 8 bis 9 Jahren der Schulzeit anzueignen. Ramus wollte in sieben Jahren alle sieben freien Künste unterrichten, das Trivium (Grammatik, Rhetorik und Dialektik) und das Quadrivium (Arithmetik, Geometrie, Musik und Astronomie). Dies sollte unter anderem durch die Verknüpfung der Artes Liberales in der Unterrichtspraxis und dank der Verwendung von Diagrammen im Unterricht erreicht werden. Auch Enzyklopädien und Wissenskompendien sollten eine schnellere Aneignung von Wissen ermöglichen. Alsted entwickelte die Lehre von Ramus (Hotson 2000). Er erstellte mehrere Versionen der Enzyklopädie, von denen die älteste während Comenius' Aufenthalt in Herborn 1612 entstand (Hotson 2013). Alsted veröffentlichte außerdem über ein Dutzend Lehrbücher für seine Schüler. Dies veranlasste den jungen Comenius nach Methoden zur Verbesserung des Unterrichts zu suchen und Lehrbücher zu schreiben. Und obwohl sich die akademischen Lehrbücher von Alsted und die Lehrbücher von Comenius für den Primar- und Sekundarbereich (vor allen die „Janua linguarum resarata" 1631 und der „Orbis sensualium pictus" 1658) erheblich unterschieden, blieb die eigentliche Idee moderner Lehrbücher zur Verbesserung des Unterrichts bestehen. Das Ende von Comenius' Studienaufenthalt in Deutschland (Hohe Schule Herborn 1611–1613 und Universität Heidelberg 1613/1614) fiel mit der Veröffentlichung der ersten „Didaktik" durch Wolfgang Ratkes Schüler Christoph Helwig und Joachim Jungius zusammen (Helwig/Jungius 1613). Mit diesem Buch entstand eine neue Wissensdisziplin: die Didaktik. Es gilt zu erwähnen, dass Helwig und Jungius Professoren an der Universität Gießen (etwa 40 km von Herborn entfernt) waren und die erste Auflage dieses damals revolutionären Buches in Frankfurt (etwa 100 km von Herborn) erschien. Anfang 1614 kehrte Comenius von Heidelberg ohne akademischen Abschluss nach Prerau zurück und wurde Lehrer an dem Gymnasium, an dem er zuvor Schüler gewesen war.

All dies lenkte sein Interesse auf die Schulpädagogik und Didaktik. Nachdem Comenius im Sommer 1627 die „Didaktik" des Hamburger Lehrers Elias Bodinus (Bodinus 1621) gelesen hatte, begann er, seine eigene „Didaktik" zu verfassen, die er in lateinischer Sprache als „Didactica magna" (1657) veröffentlichte. Nach seiner Ankunft in Polen (1628) wurde er Lehrer am Gymnasium der Böhmischen Brüder in Lissa – später auch an den protestantischen Gymnasien in Elbląg/Elbing und in Ungarn: in Sárospatak/Potok am Bodroch. Er beschäftigte sich weiterhin mit der Didaktik, die er aus der Natur (Červenka 1970) des Kindes ableitete, und erstellte Lehrbücher, die eine Möglichkeit zur praktischen Anwendung des theoretisch-didaktischen Denkens darstellten. Das Lehrbuch, das Comenius den größten Ruhm einbrachte, war zweifellos das illustrierte „Orbis sensualium pictus" (Commenii 1967). In diesem Lehrbuch wurde die aus der Natur abgeleitete Didaktik angewendet, einschließlich des Prinzips der Anschauung (Fijałkowski 2008). Ich möchte vier Elemente aus diesem Handbuch hervorheben, um einen Vergleich mit Korczak zu ermöglichen – ein Vergleich, der insbesondere für bildungswissenschaftliche Fragen und gesellschaftliche Herausforderungen des 21. Jahrhunderts relevant ist.

Beim ersten Element handelt es sich um die Vignette von Comenius auf der Titelseite von „Orbis sensualium pictus". Rund um die Vignette befindet sich die lateinische Inschrift: *Omnia sponte fluant, absit violentia rebus* – was wörtlich übersetzt bedeutet: „Alles fließe von selbst, Gewalt sei fern den Dingen" (Fritsch 2005). In der Mitte der Vignette befindet sich eine Abbildung der Erde (fließender Fluss, Berg, Feld, Wald, Pflanzen) und des Himmels (Sonne, Mond, Sterne, Wolken, Regen). All diese Dinge verbindet das Wasser in verschiedenen Formen: als fließender Fluss, als aus den Wolken fallender Regen, als Nebel über den Wiesen. Allerdings gibt es in der Abbildung keine Menschen und Tiere, was entweder aus der Überzeugung entstanden sein könnte, dass die Natur in erster Linie die Welt der Tiere und Pflanzen ist, in der alles spontan, ohne Beteiligung des

Johann Amos Comenius: Orbis sensualium pictus, Scan eines Faksimile Reprints der Erstausgabe von 1658, gemeinfrei

Willens, geschieht, oder aus der geringen Größe der Abbildung. In der einfachs-
ten pädagogischen Interpretation lässt es sich so verstehen, dass so wie Wasser
im „Kreislauf der Natur" ohne Gewalt zirkuliert und das Leben dauerhaft unter-
hält, in der Bildung alles „spontan" und ohne Gewalt geschehen sollte.

In einer weiteren Interpretation beziehen wir uns auf das Kind und stellen
fest, dass Comenius der Befürworter einer Lehre und Erziehung nach der „Natur des Kindes" war und dass er sich jeder körperlichen Bestrafung widersetzte.
Entgegen dem Anschein und der Wiederholung dieser Interpretation in Hun-
derten von Veröffentlichungen und Lehrveranstaltungen ist die Sache jedoch
nicht so einfach. Andreas Fritsch, Klassischer Philologe an der FU Berlin und
ehemaliger Präsident der Deutschen Comenius-Gesellschaft, machte auf den
zweiten Teil des Satzes aufmerksam: „absit violentia rebus". Ihm zufolge handelt
es sich um einen Neologismus von Comenius, da man in Bezug auf „Dinge"
keine Gewalt anwenden könne (vgl. ebd., 125-128). Das Problem besteht jedoch
darin, dass unser gemeinsames Verständnis des Wortes „Ding" sich von dem
der traditionellen Metaphysik unterscheidet. Beispielsweise bedeutet „Ding" bei
Aristoteles nicht nur „Ding" in unserem Verständnis, sondern meint alle Substanzen – also auch Tiere und Menschen (Aristoteles: Metaphysica V, 8, 1017b;
VII, 3-4, 1028b-1030b; VII, 7, 1032a-1033a; VII, 9, 1034a). Darüber hinaus ist
die Natur nach Aristoteles die innere Quelle der Bewegung (Aristoteles: Physi-
ca, II, 1, 192-193b). Diese Argumentation wurde von scholastischen Autoren in
Westeuropa übernommen – zunächst im Mittelalter, um hier nur Thomas von
Aquin zu nennen (de Aquino, 49-54), aber offenbar auch an den Universitäten
des 16. und 17. Jahrhunderts. Dieses traditionelle Verständnis des „res" in der
Metaphysik übernahm Comenius von seinen Lehrern, höchstwahrscheinlich in
Herborn. Eines der Argumente in seiner Dissertation in Herborn, die er 1613
unter der Leitung des oben genannten Alsted verfasste, ist auch ein Verweis auf
die traditionelle Scholastik und den Satz des Thomas von Aquin, auf den weiter
unten näher eingegangen wird. Dieses Verständnis unterscheidet sich völlig vom
neuzeitlichen Verständnis der Metaphysik, beispielsweise nach Descartes. Wenn
wir jedoch unter dem lateinischen „res" alle Substanzen, wie bei Aristoteles und
der Scholastik, verstehen, d.h. einschließlich der Tiere und Menschen, kann sich
Comenius' Satz: „absit violentia rebus" auch *direkt* auf die belebte Natur, einschließlich der Menschen, beziehen.

Der zweite Punkt ist ein lateinischer Satz in Comenius' Einleitung zu „Orbis sensualium pictus": *In Intellectu autem nihil est, nisi prius fuerit in Sensu*, in
der deutschen Übersetzung von Sigismund von Birken (Laufhütte 2004) aus
der ersten Nürnberger Ausgabe von 1658: „Es ist aber nichts in dem Verstand,

wo es nicht zuvor im Sinn gewesen" (Comenius 1658, 37, 44). In einer einfachen didaktischen Interpretation ist dies die Begründung der Anschauung im Unterricht. Dieser Satz erscheint auch in der „Großen Didaktik" (1657) als Begründung für den Unterricht mit allen fünf Sinnen: Sehen, Hören, Riechen, Schmecken und Tasten.[4] Dieser Satz findet sich auch in der zweiten Dissertation von Comenius in Herborn (1613): „Sylloge quaestionum controversarum" (Škarka 1969, 75). Dies war eine der *Quaestiones*, auf die der junge Comenius in seiner Dissertation und Disputation antworten sollte. Der Satz *In Intellectu autem nihil est, quod non prius fuerit in Sensu* (leicht abgewandelt, aber mit gleicher Bedeutung) ist ein Beispiel für den genetischen Empirismus, stammt eigentlich aus den Schriften von Aristoteles in lateinischer Übersetzung und wurde von Thomas von Aquin (de Aquino 1859, 28) populär gemacht. Wie aus diesem und vielen anderen Beispielen hervorgeht, verband Alsted somit den Ramismus mit der mittelalterlichen und frühneuzeitlichen Scholastik sowie mit dem humanistischen und protestantischen Bildungsideal im Sinne Melanchthons und Sturms. Es handelt sich hier also um einen philosophischen Synkretismus, dem Comenius bis zum Ende seines Schaffens deutlich verschrieben war.

Die vielleicht berühmteste Abbildung aus dem „Orbis sensualium pictus" ist die, die das Lehrbuch eröffnet und beendet. Wir sehen einen Lehrer und einen Schüler, die etwa auf gleicher Höhe auf einem Feld stehen. Der Lehrer zeigt dem Schüler den Himmel, den Berg, die Wälder und auch eine ferne Stadt. Keine Bücher, keine Schule. Diese Abbildung wird üblicherweise als Unterricht „nicht aus Büchern [...] sondern aus Himmel und Erde, aus Eichen und Buchen" (Comenius 1657, XVIII, 28, 137) interpretiert, über den Comenius in der „Großen Didaktik" schrieb, sowie als Gleichheit von Schüler und Lehrer, die auf gleicher Höhe stehen, ohne die traditionelle Schulhierarchie. Es scheint also, dass wir hier reinen pädagogischen Naturalismus vorfinden. Eine genauere Lektüre des Texts zum Lehrer-Schüler-Dialog in der „Einleitung" zeigt jedoch, dass die Sache nicht so offensichtlich ist. Comenius versucht offenbar, die Sprache und das Denken des Kindes nachzuahmen. Der Dialog wird jedoch vom Lehrer als ursächlicher Faktor des didaktischen und pädagogischen Prozesses initiiert: „Komm her, Knab! Lerne Weißheit". Schüler: „Was ist das Weißheit?". Lehrer: „Alles, was nöthig ist, recht verstehen, recht thun, recht ausreden". Schüler: „Wer wird mich das lehren?". Lehrer: „Ich mit Gott". Schuler: „Welcher

---

4 Johann Amos Comenius: Große Unterrichtslehre, XX, 7, S. 169 – eine deutsche Übersetzung von 1871: „denn nichts befindet sich in unserer Erkenntnis, was nicht zuvor in unserer sinnlichen Wahrnehmung war".

Invitatio.   Einleitung.

M. Veni, Puer! difce Sapere.

P. Quid hoc eft, Supere?

M. Omnia, quæ neceſſaria, rectè intelligere, recte agere, rectè eloqui.

P. Quis me hoc docebit?

M. Ego, cum DEO.

P. Quomodo?

L. Komm her/ Knab! lerne Weißheit.

S. Was ist das/ Weißheit?

L. Alles/ was nöhtig ist/ recht verstehen/ recht thun/ recht ausreden.

S. Wer wird mich das lehren?

L. Ich/ mit GOtt.

S. Welcher gestalt?

M. Du-

Einleitung des Orbis pictus (Ausgabe 1658), gemeinfrei

gestalt?". Lehrer: „Ich will dich führen durch alle Dinge, ich will dir zeigen alles, ich will dir benennen alles". Schüler: „Sehet, hier bin ich! Führet mich, in Gottes Namen!" (Comenius 1658, 2 f.).[5] In ähnlicher Weise weist der Lehrer den Schüler im „Beschluss" an: „Also hast du gesehen in einem kurzen Begriff alle Dinge, die sich vorstellen lassen, und gelernet die vornehmsten Wörter [...] Fahre nun fort und lise fleissig andere gute Bücher, daß du werdest Gelehrt, Weiß und Fromm. Gedenke hieran: fürchte Gott und ruffe Ihn an, daß Er dir verleihe den Geist der Weißheit. Lebe wohl!" (ebd., 309). Comenius spricht daher eindeutig vom Lernen aus Büchern und nicht nur aus der Natur. Es sind Gott und der Lehrer, die dem Schüler das Wissen vermitteln sollen. Hier gibt es keine Gleichberechtigung. Es findet eine Weitergabe des Wissens von Gott „durch

---

5   Ich habe die ursprüngliche Schreibweise der Ausgabe von 1658 beibehalten.

den Lehrer" an den Schüler statt. Comenius denkt vor allem theologisch. Es ist der Lehrer, der Ziele der Erziehung setzt, die seiner Meinung nach im Einklang mit Gottes Willen stehen. Das Kind muss mit dem Willen Gottes und des Lehrers einverstanden sein. Obwohl ein Kind nicht erniedrigt wird, ist es dennoch ein Objekt im Bildungsprozess. Das Bild, das den Lehrer und den Schüler auf gleicher Höhe auf einem Feld, im freien Raum zeigt, gefiel den Nutzern des Lehrbuchs offenbar nicht. Diese Illustration kam nur in den ersten neun Ausgaben von „Orbis sensualium pictus" in Nürnberg vor. Bereits 1666, also nur acht Jahre nach der ersten Veröffentlichung, wurde diese Abbildung als erste entfernt und durch eine andere ersetzt (Pilz 1967, 101 f.). Es zeigte einen Lehrer, der auf einem dekorativen Stuhl sitzt, neben einem Tisch voller aufgeschlagener Bücher. Hinter dem Rücken des Lehrers gibt es ein großes Bibliotheksregal voller Bücher. Der Junge steht vor dem Lehrer. Um zum Lehrer zu gelangen, der das Wissen vermittelt, musste der Schüler die Treppe hinaufsteigen. Er musste sich anstrengen. Der Lehrer ist eine Autorität, die auf einem Stuhl wie ein König oder ein Priester sitzt. Auf seinem Kopf trägt er einen kronenartigen Doktorhut. Es gibt also eine klare Schulhierarchie und Autorität. Die Schule ist daher wie ein Tempel, ein Tempel des Wissens. Irgendwo da draußen ist die Natur.

Dadurch kommt den Erwachsenen eine führende Rolle bei der Erziehung des Kindes zu. Laut Comenius muss das Kind gehorsam, fleißig und fromm sein. Was aber, wenn das Kind, wie von den Erwachsenen angenommen, nicht so ist? Darüber hinaus ist es in schwierigen Situationen, zum Beispiel in der Schule, möglich, Schüler körperlich zu bestrafen. Im 97. Kapitel des Orbis sensualium pictus lesen wir: „Etliche [Schüler] schwätzen und erzeigen sich mutwillig und unfleissig; die werden gezüchtigt mit Bakel und Ruthe" (Comenius 1658, 199). Es erinnert an die Ausstellung „Mit Milchbrei und Rute", die zwischen 2005 und 2006 im Germanischen Nationalmuseum in Nürnberg gezeigt wurde. Diese Ausstellung widmete sich dem Versuch einer anschaulichen Rekonstruktion der Bildungs- und Erziehungsrealität im 16. und 17. Jahrhundert in Deutschland (Hess/Liedtke 2005). Wie ist dies aber im Kontext von Comenius' Satz um die Autorenvignette *Omnia sponte fluant, absit violentia rebus* zu verstehen? Das ist offensichtlich belanglos. Wie man es verstehen kann? Die Comeniologen erklären dies mit „unterschiedlichen Zielgruppen" (various auditoriums[6]) von Rezipienten: visionäre Abhandlungen und theoretische Überlegungen sind

---

6   So Vladimír Urbánek (Philosophisches Institut der Tschechischen Akademie der Wissenschaften in Prag), in der Diskussion auf der Tagung: „Between the Labyrinth and the Way of Light: Early Modern Metaphors of Knowledge", 1.-4. September 2021 in Prag.

das eine, die erzieherische Realität und die der Schulklasse (classroom history) das andere. Marcelo Caruso (HU Berlin) zitierte in seinem Aufsatz über die Wahrnehmung eines Kindes im Kontext der Kenntnis seiner Natur und der „classroom history" eine radikale Aussage: „Calvinist theologists in particular seem to have advanced a negative perspective of children's nature" (Caruso 2022, 198). Obwohl sich der Autor in dem Zitat auf die puritanischen Traditionen in England bezieht und Comenius ein Glaubensbruder war, gehörten beide Religionsgruppen zu den „Calvinisten", genauer gesagt zur reformierten Theologie. Comenius spricht nicht direkt über den Teufel in der Natur eines Kindes, aber theologisches Denken ist in seinen Werken durchaus präsent. Zur Notwendigkeit, die Natur des Kindes tiefer, systematisch und psychologisch, unter dem Aspekt der experimentellen Psychologie und der systematischen Beobachtung des Kindes, zu verstehen, schreibt Comenius nichts. Er spricht vielmehr von der instinktiven Kenntnis vom Kind, aus eigener Praxis und Empathie, sowie aus eigenen Versuchen, das Kind, leider nicht immer konsequent, zu verstehen.

300 Jahre sind vergangen. Viele Klassiker der Pädagogik schrieben über die Kenntnis von der Natur des Kindes: Jean-Jacques Rousseau, Johannes Bernhard Basedow, Johann Heinrich Pestalozzi, Friedrich Adolph Diesterweg, Friedrich Fröbel, Herbert Spencer – um hier nur die wichtigsten Autoren zu nennen. In den 1870er und 1880er Jahren entstand die experimentelle Psychologie, die Pädologie und die Reformpädagogik. Die Gestaltung der gegenseitigen Beziehungen zwischen Erziehendem und Zögling, oder, allgemeiner, zwischen Erwachsenem und Kind, blieb eine der wichtigsten zu lösenden Schwierigkeiten in der Bildungsgeschichte. Was bedeutet in diesem Zusammenhang „Zum Wohl des Kindes" (Depaepe 1933)?

Am 20. September 1940, also bereits während der Nazi-Besatzung Polens, antwortete Janusz Korczak im Feld 26 des Formulars „Fragebogen zur erstmaligen Meldung der Heilberufe", auf die Frage: „Besitzen Sie Anerkennung für ein Sonderfach?"[7] auf Polnisch[8]: „pośrednio" [indirekt]. Die Zusatzfrage: „Welches

---

7 Hier verwendete er nicht sein literarisches Pseudonym, sondern seinen richtigen Namen: Henryk Goldszmit.

8 Das Formular wurde in Deutsch und Polnisch gedruckt. Korczak antwortete auf Polnisch, obwohl er Deutsch konnte. Warschau befand sich im Generalgouvernement, das Adolf Hitler am 26. Oktober 1939 auf einem Teil der besetzten im September 1939 polnischen Gebieten errichtete. Die Hauptstadt des Generalgouvernements war Krakau und Dr. Hans Frank (1900–1946) war der Generalgouverneur. In der Verwaltung war Deutsch die Hauptsprache, erlaubt war aber auch Polnisch und, ab Juni 1941, auch Ukrainisch. Das Generalgouvernement bestand bis 1944/1945.

Fach?" beantwortete er ebenso auf Polnisch: „Pedolog – Pediatra" [Pädologe – Pädiater]. Im Feld 30 des gleichen Formulars wiederum antwortete Korczak auf die Frage „Üben Sie Lehrtätigkeit aus?" auf Polnisch: „Tak" [ja]. „Welcher Art?" – hier antwortete er: „obserwacje dziecka" [Beobachtungen des Kindes] (Korczak 2005, 437). Was ist Gegenstandsbereich der Pädologie? Warum bezeichnete sich Korczak nicht als Pädagoge? Warum verweist er nur auf die „Beobachtungen des Kindes"? Offenbar war es ihm wichtig. Warum?

Korczak füllte dieses Formular nur zwei Monate, bevor das von ihm geleitete jüdische Haus der Waisen in das Warschauer Ghetto verlegt wurde (im November 1940), aus und nur 22 Monate vor seinem Tod und dem Tod der Waisenkinder im Nazi-Vernichtungslager Treblinka (am 5. oder 6. August 1942). Das letzte Ausweisfoto von Korczak ist auf das Formular geklebt. Es zeigt Korczaks Gesicht voller Stolz, aber auch menschlicher Sorge.

Aber fangen wir von vorne an. Henryk Goldszmit, literarisches Pseudonym: Janusz Korczak, war ausgebildeter Arzt. Er studierte von 1898 bis 1904 Medizin an der Universität Warschau. Im Studienjahr 1899/1900 musste er jedoch das erste Jahr des Medizinstudiums wiederholen. Hier finden wir eine weitere Analogie zu Comenius, der ebenfalls ein Studienjahr wiederholen musste. Über Korczaks Fachgebiet als Kinderarzt wissen wir nichts. Was wir wissen: Er engagierte sich journalistisch für die Zeitschrift „Kolce" (Spikes) und studierte an der illegalen „Fliegenden Universität" (Freie Universität) in Warschau, wo er unter andcrem Jan Władysław Dawid (1859–1914), einen Schüler von Wilhelm Wundt (1832–1920), kennenlernte. Diese Studien dürften einen größeren Einfluss auf Korczaks gesellschaftliches Engagement gehabt haben als sein Studium der allgemeinen Medizin an der Kaiserlichen Universität Warschau (Falkowska 1989). Jan Władysław Dawid war ein Psychologe und Publizist, der die Ideen der Reformpädagogik in Warschau sowie die der systematischen Kinderforschung (child studies, paidology, Pädologie) verbreitete. Er war eine charismatische Persönlichkeit, der um sich eine Gruppe von Menschen versammelte, die sich für neue Psychologie und Pädagogik interessierten. Sie übersetzten und diskutierten im Haus des Psychologen die neuesten psychologischen und pädagogischen Bücher, hauptsächlich aus dem Deutschen, Französischen und Englischen. Granville Stanley Hall (1846–1924), ein weiterer Schüler Wundts, gilt als Begründer der Pädologie – an den Universitäten Harvard (1880), Boston (1881), Baltimore (1883) und Clark (ab 1889). Der Begriff „Pädologie", der erstmals 1893 von Oscar Christman (1893, 438) verwendet wurde, war ein bewusster Bruch mit der Herbartschen Pädagogik. Aniela Szycówna (1869–1921), eine Schülerin und Mitarbeiterin von Jan Władysław Dawid, beschrieb die intellektuelle Atmosphäre der Warschauer Pädologen und Pädologinnen an der Wende vom 19. zum 20. Jahrhundert:

„Der zeitgenössische Stand der Pädagogik [Herbarts] trug zum Interesse an diesem Thema bei. Während das Ende des 18. Jahrhunderts reich an Namen großer Reformatoren der Bildung war, deren Werke zum Leitstern für mehrere Generationen von Pädagogen wurden [wahrscheinlich hauptsächlich Pestalozzi], war das Ende des 19. Jahrhunderts in vielen Bereichen eine Zeit des Niedergangs – einschließlich Pädagogik. Allerdings lag bereits ein Hauch anderer Strömungen in der Luft: Pädagogen erkannten, dass die Herbartsche Pädagogik in vielen Fällen nicht mehr ausreichte, da sie auf psychologischen Annahmen aus dem frühen 19. Jahrhundert beruhte und Spencers Positivismus anderen philosophischen und sozialen Ansätzen Platz machte, die nicht gleichgültig gegenüber den Fragen der Erziehung sind, Angesichts dieser Prinzipienerschütterung [...] gerät die Pädagogik in Entmutigung und viele ihrer Anhänger sind davon überzeugt, dass zu einem bestimmten Thema nichts Neues gesagt werden kann. Andere lehnen mit Skepsis alles ab, was bisher über Erziehung gesagt wurde. Aber es gibt keinen neuen Comenius oder Pestalozzi unter ihnen, der ein neues Wort predigen würde. Und dann richten die Zweifler ihren Blick auf diejenigen, die mit jugendlichem Glauben, Eifer und Beharrlichkeit Entdeckungen in einem bisher wenig bekannten Land machen – in der Seele eines Kindes. Die Pädagogik sieht darin den Aufbau ihrer Zukunft. [...] Und das ist der Ursprung des Interesses und der Begeisterung für die pädologische Forschung um die Jahrhundertwende, eine Begeisterung, deren stärkster Ausdruck die schwedische Autorin Ellen Key war. In ‚Das Jahrhundert des Kindes‘, dem revolutionärsten pädagogischen Buch der letzten Jahre, hat sie gesagt, dass „die gesamte Pädagogik überschwemmt werden sollte, von der nur die Werke von Montaigne, Rousseau, Spencer und die neueste Literatur der Kinderpsychologie erhalten geblieben wären." (Szycówna 1912, 278 ff.)

Korczak gehörte zu diesem Kreis (Falkowska 1989, 84). Genau wie Izabela Moszczeńska (1864–1941) – die Verfasserin der polnischen Übersetzung des oben erwähnten Buches von Ellen Key. Der junge Korczak wuchs in einem solch intellektuellen Kreis auf, mit dem jugendlichen Eifer, sich mit Kindern und der neuen Weltordnung zu beschäftigen, im Geiste der „Belle époque" und des Jugendstils.

Eine Vertreterin der Pädologie auf internationaler Ebene war Józefa Joteyko (bzw. Ioteyko, 1866–1928; Depaepe 1993). Vor dem Ersten Weltkrieg war sie an der Universität Brüssel tätig, wo sie das Labor für experimentelle Psychologie und auch kleinere Labore an Seminaren für Lehrkräfte in Mons und Charleroi einrichtete und leitete. Während des Ersten Weltkriegs blieb sie in Paris, wo sie die junge Maria Grzegorzewska (1887–1967), damals Studentin und später Begründerin der polnischen Heilpädagogik, kennenlernte und bei ihrer wissenschaftlichen Arbeit half. 1919 kehrten sie nach Warschau zurück und arbeiteten am Staatlichen Pädagogischen Institut (1919), am Staatlichen Institut für Heilpädagogik (1922) und an der Freien Polnischen Universität (Wolna Wszechnica Polska), mit der auch Janusz Korczak zusammenarbeitete. Die Wirkung dieser Zusammenarbeit zeigte sich unter anderem in Korczaks pädologischen Veröffentlichungen zur Entwicklung von Kindern (Korczak 1999a). Als Arzt und Erzieher in einem Waisenhaus hatte er Tag und Nacht Zugriff auf eine große Forschungsstichprobe, konnte tatsächlich systematisch anthropometrische Messungen, psychologische Tests, Beobachtungen, beispielsweise zum Bettnässen von Kindern im Kontext ihrer psycho-physischen Entwicklung, durchführen. Korczak konnte sich also durchaus als Pädologe bezeichnen.

Wichtiger jedoch erscheint hier auch, dass Korczak im o.g. Fragebogen vom 20. September 1940 schrieb, dass er Kinder beobachtet und nicht erzieht. Dies mag daran liegen, was die Pädologie im Gegensatz zur Pädagogik, insbesondere zur Herbartschen, von Anfang an war. Es könnte für Korczaks pädagogisches Credo bedeuten: Ich habe ein Kind als einen Menschen behandelt, der das Recht hat, so zu sein, wie es ist; als Erwachsener habe ich kein Recht, ein Kind zu Zielen mitzunehmen, von denen ich als Erwachsener annehme, dass sie für das Kind richtig sind. Ich kann ein Kind motivieren, unterstützen, Fragen beantworten, stärken etc. Ich darf aber nicht die generationsübergreifenden Gewaltmuster wiederholen („break the cycle"); ich darf nicht erzwingen, schlagen, demütigen etc. Es ist ein bewusster Verzicht auf das traditionelle Konzept der Erziehung, gemäß dessen Erwachsene den Anspruch haben, dem Kind ihre Lösungen aufzuzwingen. Das kommt den Parolen der Antipädagogik aus den 1970er Jahren nahe: „Wer Kinder liebt, erzieht sie nicht!" oder „Unterstützen statt erziehen" (Schönebeck 1982, 43 ff.). Korczak würde wahrscheinlich Alice Miller (1923–2010) darin zustimmen, dass, wer in seiner Kindheit geschlagen, gedemütigt, beleidigt oder entrechtet wurde, dies auch als Erwachsener gegenüber seinen Kindern wiederholt (Miller 1983, 51). Korczak würde in diesem Fall ebenso der humanistischen Psychologie von Carl R. Rogers (1902–1987) zustimmen und insbesondere der Methode der Psychotherapie, welche auf drei Regeln basiert: Authentizität (Kongruenz) – Akzeptanz – Empathie (Rogers

1979)[9]. Auf einer Tagung 1992 an der Universität Łódź fragte Hubertus von Schönebeck das Publikum: „Sind Kinder zu 100 Prozent, genau wie Erwachsene, Menschen?" (Schönebeck 1992, 345-348). Und wenn unsere Antwort positiv ist, erkannte Schönebeck Johann Heinrich Pestalozzi, Maria Montessori und Janusz Korczak als Vorläufer dieser Denkweise. Wir können uns wahrscheinlich über Pestalozzi und Montessori wundern, aber Korczak behandelte ein Kind definitiv als „hundertprozentigen Menschen". Mit seinem Buch „Das Recht des Kindes auf Achtung" (1929) ist Korczak ein Vorläufer der „Kinderrechtsbewegung". Aber war er auch ein Vorläufer alternativer bzw. kritischer Pädagogik und Antipädagogik? Und das schon vor dem Zweiten Weltkrieg und vor den Auswirkungen der Nazi-Erziehung?

Um diese Fragen zu beantworten, ist es notwendig, Korczaks pädagogisch-praktische Erfahrungen zu berücksichtigen: Wie war Korczaks praktische Bildungserfahrung? Er gründete keine eigene Familie und hatte keine eigenen Kinder. In seinem literarischen Schaffen nahm er bereits als Jugendlicher das Schicksal eines armen Kindes wahr (Beiner 2008, 17-24, 153). 1904 war er als Betreuer bedürftiger Kinder in Sommerkolonien tätig. Wir wissen, dass er 1905 kurz im jüdischen Berson-und-Bauman-Kinderspital in Warschau als Arzt arbeitete. Von Juni 1905 bis März 1906 war er jedoch Militärarzt der russischen Armee im Russisch-Japanischen Krieg. Nach seiner Rückkehr aus diesem Krieg begann er Kinderliteratur zu schreiben und besuchte Kindereinrichtungen in Berlin (1907/1908), Paris (1910) und London (1911). Gleichzeitig war er Arzt im städtischen Rettungsdienst in Warschau und zudem als Privatarzt tätig. Erst mit 34 Jahren, am 7. Oktober 1912, übernahm er, zusammen mit Stefania Wilczyńska (1886–1942), das neu errichtete „Dom Sierot" (Haus der Waisen) in der Krochmalna-Straße 92 in Warschau. Doch anderthalb Jahre später brach der Erste Weltkrieg aus und Korczak war bis 1918 erneut als Militärarzt in der russischen Armee im Einsatz, an der Front in der Ukraine. Nach einer Krankheit aus der Armee entlassen, arbeitete er 1917 als Arzt in Kinderheimen in der Nähe von Kiew. Er hatte auch Kontakt zu einem Erziehungsheim für polnische Jungen in Kiew, das von Maryna Falska (1877–1944) geleitet wurde. Im Sommer 1918 kehrte er zur Tätigkeit im Haus der Waisen in Warschau zurück und begann mit Maryna Falska zusammenzuarbeiten, die ein Waisenhaus für polnische Kinder, „Unser Haus" (Nasz Dom), in Pruszków bei Warschau (später in Warschau-Bielany) gründete. Mit dieser pädagogischen Erfahrung verfasste

---

9   Hubertus von Schönebeck verweist in der Einleitung zu: idem, Unterstützen statt erziehen (wie oben) wiederholt auf seine Lektüre und seine Kontakte zu Carl R. Rogers.

er den ersten Teil der Tetralogie „Wie liebt man ein Kind": „Das Kind in der Familie" (Korczak 1919). In diesem Buch finden wir die wichtigsten Prinzipien seiner Pädagogik der Kinderautonomie. Gleich mit den ersten Worten schreibt er, er wolle keine fertigen Erziehungsrezepte geben, sondern zum Nachdenken anregen. Ein Kind gehört nicht nur zu Eltern und Familie, sondern auch zur Menschheit, zum Universum, zur Menschheitsgeschichte, und vor allem gehört das Kind zu sich selbst und hat seine eigene autonome Welt, die Respekt verdient; dass das Kind das Recht hat, so zu sein, wie es in einer bestimmten Entwicklungsphase ist, dass es auch krank werden und schwach sein kann usw. (Korczak 1999b). Korczak ist jedoch kein Befürworter davon, dem Kind in allem nachzugeben. Er schrieb: „Also soll man alles erlauben? Aber nie und nimmer: Sonst machen wir aus einem sich langweilenden Sklaven einen gelangweilten Tyrannen. Durch Verbote stärken wir immerhin den Willen, zumindest im Hinblick auf Beherrschung und Verzicht; und nur so entwickeln wir den Erfindungsgeist, in einem beengten Wirkungskreis tätig zu sein, die Fähigkeit, sich der Kontrolle zu entziehen; nur so wecken wir die Fähigkeit zur Kritik" (ebd., 51). Die Fähigkeit, ein Ziel selbstständig zu verfolgen, die Entwicklung kritischer Denkfähigkeit erfordert die Unterstützung des Kindes durch die Eltern. Ein Kind braucht Unterstützung, keine feste Führung und keine ständige Leitung. Diese Akzeptanz und dieses Verständnis sollen wir Erwachsene auch jungen Menschen entgegenbringen:

„Die Jugend ist großmütig. Sie hat keine Erfahrung im riesigen Wirkungsbereich der Erwerbstätigkeit, der gesellschaftlichen Hierarchie und der Regeln des gesellschaftlichen Lebens. Die Unerfahrenen glauben, man könne Zuneigung oder Abneigung, Achtung oder Verachtung zeigen, je nach den Gefühlen, die man tatsächlich hegt. Die Unerfahrenen glauben, man könne nach eigenem Gutdünken Beziehungen knüpfen und abbrechen, überkommene Formen akzeptieren oder vernachlässigen, Gewohnheitsrechte übernehmen oder sich ihnen entziehen. [...] Großmut darf kein Morgennebel, sondern er muss ein Strahlenbündel sein. Wenn wir uns das noch nicht leisten können, so lasst uns vorläufig wenigstens ehrliche Menschen erziehen." (ebd., 136 f.)

Es scheint, dass Korczaks Hoffnung auf die Erziehung eines neuen Menschen darin zum Ausdruck kommt und damit auf eine neue Gesellschaft, die auf der positiven Unterstützung der jungen Generation und nicht auf Angst und Gewalt aufbaut.

Wenige Monate nachdem diese Worte geschrieben und veröffentlicht wurden, brach ein neuer Krieg aus: zwischen dem neu gegründeten Polen und Sowjet-Russland. 1919/1920 war Korczak wieder als Militärarzt im Einsatz – diesmal in der polnischen Armee, in den Seuchenlazaretten in Łódź und Warschau. Im Sommer 1920, als die bolschewistische Armee mehrere Dutzend Kilometer von Warschau entfernt stand, wurden die anderen drei Teile von „Wie liebt man ein Kind" (Das Internat, Sommerkolonien, Dom Sierot) veröffentlicht. Der Krieg endete mit dem Sieg Polens. Korczak kehrte zu seinen Aktivitäten zurück: zu seiner Tätigkeit in den Waisenhäusern Dom Sierot und Nasz Dom und zur Kinderliteratur.

Die zwanziger Jahre des 20. Jahrhunderts waren die kreativste Zeit seines Schaffens. In diesen Jahren verwirklichte Korczak im Haus der Waisen in Warschau das innovative Konzept einer selbstverwalteten Gemeinschaft mit eigenen Institutionen – führt das Parlament und Gericht, eine Zeitung, einen Dienstplan, Kinderbetreuung, einen Notar, das Kreditbüro, Sportvereine, und einen Kreis von Organisationen der „nützlichen Unterhaltung" ein. Dort wurden auch systematisch dokumentierte Untersuchungen zur psychophysischen und sozialen Entwicklung der Kinder durchgeführt (z.B. wöchentliche Gewichts- und Größenmessungen, Schlafbeobachtung, soziometrische Untersuchungen zur Verteilung von Neigungen und Abneigungen in der Gruppe, Erfassung der freien Meinungsäußerung der Kinder). Zu beachten ist auch, dass diese Erziehungseinrichtung für Kinder im Alter von 7 bis 14 Jahren gedacht war. 1923 richtete er noch ein Schulwohnheim (Bursa) für die älteren Zöglinge des Waisenhauses, d.h. nach dem 14. Lebensjahr, ein. Es bot ihnen Wohnraum und die Möglichkeit, sich auf die Lehrtätigkeit vorzubereiten.[10]

1929 erschien ein zweites, für unser Thema sehr wichtiges Buch: „Das Recht des Kindes auf Achtung". Es ist ein großartiges Manifest für das Recht des Kindes, so zu sein, wie es ist. Korczak kritisiert in dem Text sogar die Genfer Erklärung der Rechte des Kindes des Völkerbundes von 1923: „Die Gesetzgeber von Genf haben Rechte und Pflichten verwechselt; der Ton der Deklaration klingt nach gutem Zureden, nicht nach Forderung: Es ist ein Appell an den guten Willen, eine Bitte um Wohlwollen" (ebd., 491). Es geht Korczak nicht um Wohlwollen. Ein Kind ist kein zukünftiger Mensch, sondern bereits ein vollwertiger Mensch. Das Kind darf nicht instrumentell behandelt werden. Wir dürfen nicht nach den Kriterien und Mustern behandelt werden, nach denen wir selbst erzogen wurden. Der Teufelskreis der Gewalt in generationsübergreifenden (Familien-)Beziehungen muss durchbrochen werden. Das ähnelt sehr der

---

10 Mehr zum Thema Börse im Haus der Waisen (Dom Sierot) von Korczak im Text von Wojciech Lasota, Doktorand an der Universität Warschau, in diesem Band.

oben genannten Aussage von Alice Miller. Der einzige Unterschied besteht darin, dass Korczak diese Worte vor dem Zweiten Weltkrieg und den Erfahrungen des Nationalsozialismus und Hitlers Erziehung schrieb. Er und die Kinder des Waisenhauses fielen dem Nationalsozialismus im Vernichtungslager Treblinka zum Opfer. Eine ausführliche Diskussion über das Recht des Kindes und die Pädagogik der Achtung hat Friedhelm Beiner 2008 in seinem hervorragenden Buch dargelegt.

Daher erscheint es richtig zu sagen, dass Korczak nicht nur ein Vorläufer der Kinderrechtsbewegung, sondern auch der kritischen Pädagogik der 1970er Jahre war.

Abschließend lohnt es sich, auf die Frage zurückzukommen: Was können wir von Korczak im 21. Jahrhundert lernen? Es scheint, dass wir von Korczak vor allem Konsequenz und Mut lernen können. Dazu gehört auch der Mut, das Kind als „hundertprozentigen Menschen" auf Augenhöhe zu stellen. Korczak verstand es, in einer solchen Situation der Beziehung zwischen einem Kind und einem Erwachsenen radikal zu sein. In diesem Sinne war Korczak seiner Zeit voraus. Allerdings war er kein Befürworter davon, dem Kind alles erlauben zu dürfen. Auf die Frage: „Also soll man alles erlauben?" antwortete er: „Aber nie und nimmer" – wie weiter oben ausgeführt. Respekt verdient das Kind vom Erwachsenen, aber auch der Erwachsene vom Kind. Anfang der 1990er Jahre kam in Polen ein von Jurek Owsiak (Woodstock- und Hippie-Atmosphäre) erfundener Slogan für junge Menschen in Mode: „Róbta, co cheta" („Ihr macht, was ihr wollt"). Von solchen Parolen wäre Korczak weit entfernt – er forderte von sich selbst und von den Erwachsenen im Allgemeinen, aber auch von den Kindern, den gegenseitigen Respekt. Ich denke, das können wir auch im 21. Jahrhundert noch von Korczak lernen.

Was bringt uns der Vergleich von Comenius und Korczak? Es scheint, dass solche Vergleiche zwischen den Epochen sinnvoll sind. Beide Autoren gehören dem pädagogischen Naturalismus an. Sowohl Comenius als auch Korczak waren ihrer Zeit voraus. Obwohl Comenius und Korczak sich in ihrem intellektuellen Hintergrund grundsätzlich unterschieden und eine völlig andere Ausbildung erhielten, war ihnen das Verständnis von Erziehung als einer Zusammenarbeit mit dem Kind und als Versuch, die Welt aus der Perspektive des Kindes zu sehen, gemeinsam. Aus unserer Perspektive des 21. Jahrhunderts denken wir kritisch, dass Comenius die Beziehung zwischen Erziehendem und dem Kind nicht immer konsequent aufzeigte. Seine Ansichten in theoretischen Abhandlungen unterscheiden sich von denen in Lehrbüchern, die Schulen erreichen und näher an der damaligen Bildungspraxis sein sollten. Comenius war in Bezug auf die Beziehungen zwischen Erwachsenen und Kindern der erzieherischen Praxis seiner Zeit weit voraus. Er blieb jedoch vor allem ein Didaktiker und ein „Mann der Schule". Es scheint, dass die Schule unsere Sicht auf ein Kind oft vereinfachen kann. Dies kann auf unsere Unterrichtsroutine, unsere Gewohnheiten und die Nachahmung der Muster der Schule, in der wir selbst Schüler/Schülerinnen waren, zurückzuführen sein. Das hören wir oft in der öffentlichen Debatte: „Wir Lehrkräfte haben viele und sehr unterschiedliche Kinder in der Schule; es ist notwendig, den von den Bildungsbehörden übermittelten Lehrplan umzusetzen, die Bildungschancen anzugleichen, die Ordnung im Klassenzimmer zu halten, usw." Das sind immer noch die gleichen Argumente wie zu Zeiten von Comenius. Deshalb brauchen wir Menschen wie Korczak, die sich sehr für die Erziehung der Kinder engagiert haben, die radikal, anspruchsvoll und konsequent sein konnten – aber nicht aus der Perspektive einer Schule heraus. Korczak interessierte sich nicht für Schulpädagogik und hat keine Lehrbücher geschrieben. Korczak blieb in seinen Gedanken über das Kind konsequent – bis zu seinem tragischen Tod mit den Kindern im Nazi-Vernichtungslager Treblinka. Trotz allem fanden Korczak und Comenius über die Grenzen der Zeit hinweg Gemeinsamkeiten – sie versuchten, mit dem Kind auf Augenhöhe zu sei.

Literatur

de Aquino, Thomas (2003): Summa contra gentiles, I, 49-54.

de Aquino, Thomas (1859): Quaestiones disputatae. De veritate, Qu. 2, Art. 3, 19. In: de Aquino, Thomas: Opera omnia, Bd. 9. Parma.

Beiner, Friedhelm (2008): Was Kindern zusteht. Janusz Korczaks Pädagogik der Achtung: Inhalt – Methoden – Chancen. Gütersloh.

Bodinus, Elias (1621): Bericht von der Natur und vernünfftmessigen Didactica oder LehrKunst: Nebenst hellen und Sonnenklaren Beweß, wie heutiges Tages der studierenden Jugend die rechten fundamenta verruckt und entzogen werden [s.l.].

Caruso, Marcelo (1992): The slow dichotomization of elementary classroom roles. 'Grammar of schooling' and the estrangement of classrooms in Western Europe (1830–1900). In: Paedagogica Historica, 58/2, S. 196-214.

Červenka, Jaromir (1970): Die Naturphilosophie des Johann Amos Comenius. Hanau.

Christman, Oscar (1893): The Hearing of Children. In: Pedagogical Seminary.

Commenii, Johann Amos [!] (1658/2015): Orbis sensualium pictus. Hoc est Omnium fundamentalium in Mundo Rerum et in Vita Actionum Pictura et Nomenclatura ..., Noribergae, lateinisch-deutsch-polnische Ausgabe mit dem Faksimile der Erstausgabe. Fijałkowski, Adam Hg. Warschau.

Comenius, Johann Amos (1657): Didactica magna. In: Opera didactica omnia. Amsterdam (Nachdruck: Prag 1957).

Comenius, Johann Amos (1658): Orbis sensualium pictus, Nachdruck. Fijałkowski, Adam (Hg.). Nürnberg.

Comenius, Johann Amos (1969): *Dílo Jana Amose Komenského*: Opera omnia, Bd. 1 et sq. Škarka, Antonín et al. (Hg.). Prag.

Comenius, Johann Amos (1871): Grosse Unterrichtslehre, Beeger, Julius/Zoubek, Franz (Hg.). Berlin.

Dauzenroth, Erich (1981): Ein Leben für Kinder: Janusz Korczak Leben und Werk. Gütersloh.

Depaepe, Marc (1993): Zum Wohl des Kindes. Pädologie, pädagogische Psychologie und experimentelle Pädagogik in Europa und den USA, 1890–1940. Weinheim.

Falkowska, Maria (1989): Kalendarz życia i twórczości Janusza Korczaka [Lebens- und Werkkalender von Janusz Korczak]. Warschau, S. 56-84.

Fijałkowski, Adam (2008): Orbis pictus – świat malowany Jana Amosa Komeńskiego/Orbis pictus – die Welt in Bildern des Johann Amos Comenius [Paralleltext in Polnisch und Deutsch zum 350. Jahrestag der Erstausgabe des Lehrbuchs „Orbis sensualium pictus" von J.A. Comenius]. Warschau.

Fritsch, Andreas (2007): Alles fließe von selbst. Gewalt sei ferne den Dingen. Das Emblem des Johann Amos Comenius. In: Korthaase, W./Hauff, Sigurd/Fritsch, Andreas (Hg.): Comenius und der Weltfriede. Berlin, S. 118-141.

Helwig, Christoph/Jungius, Joachim (1613): Kurtzer Bericht von der Didactica oder LehrKunst Wolfgangi Ratichii. Frankfurt/M.

Hess, Daniel/Liedtke, Max (2005): Mit Milchbrei und Rute: Familie, Schule und Bildung in der Reformationszeit. Kulturgeschichte Spaziergänge im Germanischen Nationalmuseum. Nürnberg.

Hotson, Howart (2000): Johann Heinrich Alsted (1588–1638): Between Renaissance, Reformation, and Universal Reform. Oxford.

Hotson, Howard (2007): Commonplace Learning: Ramism and its German Ramifications (1543–1630). Oxford.

Hotson, Howard (2013): Die Herborner ‚Encyclopaedia septem tomis distincta' von Johann Heinrich Alsted: Verbesserungsversuche und allgemeingeschichtliche Bedeutung. In: Nassauische Annalen, Bd. 124, S. 157-186.

Key, Ellen (2022): Stulecie dziecka, Übersetzung von Izabela Moszczeńska, Warszawa: Księgarnia Naukowa, 1904. Izabela Moszczeńska: Wspomniania i listy [Erinnerungen und Briefe], hg. von Adam Fijałkowski und Magdalena Rzepka. Warschau.

Korczak, Janusz (1919): Jak kochać dziecko. Dziecko w rodzinie, Warszawa-Kraków: Towarzystwo Wydawnicze. Online: https://polona.pl/item/97553324 (Zugriff: 22.08.2023).

Korczak, Janusz (1929): Prawo dziecka do szacunku, Warszawa-Krakw: Jakub Mortkowicz. Online: http://polona.pl/preview/7947cccf-8478-4963-a98f-cd8f5f651cd9 (Zugriff: 22.08.2023).

Korczak, Janusz (1999a): Sozialmedizinische Schriften, Pädologische Arbeiten. In: Kirchner, Michael/Dauzenroth, Erich (Hg.): Sämtliche Werke, Bd. 8. Gütersloh, S. 239-290.

Korczak, Janusz (1999b): Wie liebt man ein Kind? In: Beiner, Friedhelm/Ungermann, Silvia (Hg.): Sämtliche Werke, Bd. 4. Gütersloh, S. 10-51.

Korczak, Janusz (2005): Sämtliche Werke, Bd. 15. Beiner, Friedhelm (Hg.). Gütersloh.

Kordes, Uwe (1999): Wolfgang Ratke (Ratichius, 1571–1635): Gesellschaft, Religiosität und Gelehrsamkeit im frühen 17. Jahrhundert. Heidelberg.

Laufhütte, Hartmut (2004): Comenius „Teutsch" – Spuren der Bearbeitung des Orbis Pictus im Briefarchiv Sigmund von Birkens. In: Comenius-Jahrbuch, Bd. 9-10, 2001–2002, S. 62-78.

Michel, Gerhard (1978): Ratke, Comenius und die didaktische Bewegung. Hannover.

Miller, Alice (1983): Am Anfang war Erziehung. In: Oelkers, Jürgen/Lehmann, Thomas: Antipädagogik: Herausforderung und Kritik. Braunschweig, S. 51.

Pilz, Kurt (1967): Die Ausgaben des Orbis sensualium pictus. Eine Bibliographie. Nürnberg.

Rogers, Carl R. (1979): Entwicklung der Persönlichkeit: Psychotherapie aus der Sicht eines Therapeuten. Stuttgart.

von Schönebeck, Hubertus (1982): Unterstützen statt erziehen. Die neue Eltern-Kind-Beziehung. München.

von Schönebeck, Hubertus (1992): Rozstanie z pedagogiką [Abschied von der Pädagogik]. In: Śliwerski, Bogusław (Hg.): Edukacja alternatywna – dylematy teorii i praktyki [Alternative Bildung – Dilemmata von Theorie und Praxis]. Krakau.

Szycówna, Aniela (1912): Nowa nauka o dziecku – pedologia [Eine neue Wissenschaft über das Kind – die Pädologie]. In: Encyklopedia wychowawcza [Erzieherische Enzyklopädie], Bd. 8. Warschau, S. 278-281.

WOJCIECH LASOTA

„The People of the Good Will"

The Bursaries of the Orphans' Home and Their Notebooks

1. Introduction

The primary sources I will present in this chapter allow us to hear voices from the past, telling us the stories about the day-to-day reality of the Orphans' Home (OH), directed by Janusz Korczak and managed by Stefania Wilczyńska.

We owe these voices to three young educators I chose from the group who was a very important part of the OH for seventeen years. This group was called the Bursa and its members, women and men, were called Bursaries (Polish: *Bursistki* and *Bursiści*) because they lived in the Bursa of the OH.

One of the obligatory duties of the Bursaries was to keep notes, a kind of memoir, called Bursaries' notebooks. They were systematically read – mainly by Wilczyńska and sometimes by Korczak, both of whom were writing their comments in the notebooks what made them a kind of transcription of unusual dialogues between aspiring and experienced educators.

This chapter aims to present and shortly discuss the content of three sets of the Bursaries' notebooks from the beginning of the 30s, which belonged to Miriam Gerblich, Róża Sternkac and Jakub Kutalczuk. Gerblich's and Kutalczuk's notes have never been an independent research topic and have almost never been mentioned in the literature (Korczak 2008, 255). Only two papers devoted to Róża Sternkac have been written, in Hebrew and Polish (Arnon 1978, Lasota 2020; about her see Merżan 1987, Dror 1998).

Writing that chapter, I intended to acquaint primarily non-Polish readers with texts which have almost never been translated from Polish. The chapter's volume was limited and I needed to choose between the number of examples and their interpretations. I decided to give priority to quotations, treating them as an opportunity for a broader presentation of the texts.

Why is the topic of the Bursa and Bursaries in the OH important? I can see at least three reasons.

Firstly, the inclusion of the Bursa in the story about the OH is revising the common narration about the place, where Korczak and Wilczyńska took care of one hundred children for thirty years with the support of a few unknown people.

Secondly, the Bursa and the OH were parts of a much larger project. A huge community financed and supported the experimental activity of Korczak and Wilczyńska. Korczak was fully aware of it. He wrote in 1942, in his very last published text:

The Orphanage was not, is not, and will not be Korczak's Orphanage. [Korczak is] Too small, weak, poor, and stupid for this [...] This great work was accomplished by the collective effort of many hundreds of people of good will [...].
[Dom Sierot nie był, nie jest, nie będzie Domem Sierot Korczaka. Za mały, za słaby, za biedny i za głupi [on] na to [...] Tej wielkiej pracy dokonał wysiłek zbiorowy wielu setek ludzi dobrej woli [...]] (Korczak 1942).

The Bursaries, among others, was an important part of these people of good will. The world they took for granted was destroyed and forgotten for a long time. I strongly believe we owe it to them to tell their story – connecting it with Korczak's story but doing so independently.

Both the influential legend of Korczak and Korczak-centric research make it difficult to see the collectiveness of the effort of the whole social and institutional environment co-created by Korczak. But it is necessary to take it into account to see the bigger picture of this environment.

The third reason is much more connected with today's reality, especially in the area of Teacher Education because the Bursa was a kind of informal pedagogical school. Despite many differences, we share the same crucial questions, e.g.: "What does it mean to be a good teacher, educator or caregiver? What kind of qualifications are necessary? How to think about children's needs and rights and what do teachers need to fulfil them?".

In that chapter, I will do my best to answer these questions regarding the Bursaries in the OH. I hope it will allow us to consider how their experiences could be helpful today. As a researcher I am embedded in the interpretative paradigm hence I perceive human beings

not as objects, but as agents. Such persons are seen as actively and collaboratively constructing (and deconstructing, meaning both critically assessing and changing) their polities, societies, and cultures—along with the institutions, organizations, practices, physical artifacts, and language and concepts that populate these (Schwartz-Shea/ Yanow 2013, 46).

That paradigm is coherent with the micro-historical approach I took, both in terms of the role of historical actors (Magnússon/Szijártó 2013, 5) and dealing with the history of the particular institution (Maclean/Harvey/Clegg 2016, 623).

On many scans of the presented primary sources, we can see two pages on one scan. Referencing them, I mark the page on the left as 'a' and on the right as 'b', e.g. GFHA 12913.1, 7a, 8b.

2. The Bursa of the Orphans' Home

Generally, the literature on the subject is scarce. As far, the most reliable information about the Bursa and its members we can find in the footnotes of Polish editions of Korczak's works (Korczak 2008, 249-258; 271-329; Korczak 2021, 393, 411, 443, 595). Except for these positions, the literature references primarily a set of Korczak's text written for the Bursaries, the so-called 'Bursa Weekly' (Korczak 2008, 7-62) and post-war testimonies of former Bursaries and pupils (Merżan 1987, Cohen 1994, Lifton 1988, 139-148). In German literature, the most important publications were edited by Friedheim Beiner and Silvia Ungermann (Beiner/Ungermann 1999, Ungermann/Brendler 2004, Ungermann 2006). A rare attempt of using knowledge about the Bursa in contemporary research is the thesis of Regina Kaplan (Kaplan 2008).

The Bursa of the OH has been almost never an independent object of historical research, based on primary sources and broader use of the post-war testimonies. Although many of them were destroyed, we still have valuable collections of sources, primarily in two of the most important archives: the Ghetto Fighters' House Archive (GFHA) in Israel and the archives of the Museum of Warsaw in Poland. Scans of many sources are available online.

The Bursa was established in 1923 as an institution which was a part of the OH (XXV lat działalności ... 1933, 39). In the beginning, it was devoted only to some pupils of the OH who should leave the institution because they were fourteen but needed to stay longer, for example, to finish their education.

In 1924 Korczak and Wilczyńska modified this concept and the Bursaries started to exchange free accommodation for unpaid work in one of two departments: educational or housekeeping and administrative (XXV lat działalności ... 1933, 39). It is possible that it was also the first year when the members of the Bursa were also selected from all over Poland during a kind of competition. Many young people interested in pedagogy wanted to live and study in Warsaw but had not enough money to stay there. The Bursa in the OH was for them a real chance for a better education, gaining experience and learning directly from Korczak and Wilczyńska.

The Bursa lasted in the form I have discussed above until 22.06.1937. We knew for sure the Bursa existed during the Second World War (Korczak 2021, 272, 282) but we had no information what was its history between 1937 and 1939. At the beginning of 2023, I have found in archival records that idea of Bursa's reactivation was born no later than in May 1939 (GFHA 037997-2.3, 13) and the first new Bursaries came there from the OH on 01.01.1940 (GFHA 037997-2.4, 1).

Additionally, the moment of closing and reactivation of the Bursa seems to be strictly dependent on Wilczyńska's presence in the OH, not only on lack of funds, as the official version was.

The Bursa was closed down on 22.06.1937, eight days before Wilczyńska finished her work for the Orphans Aid Society. And the first information about reactivation we have is from May 1939, when Wilczyńska had left the British Palestine Mandate (where she emigrated in March 1938) and came back to the OH (Wilczyńska 2004, 32).

3. The Authors and Their Notebooks

3 1 The Authors

I have chosen the three notebooks to discuss below because they represent three stages of a possible Bursary career in the Orphans' Home.

Thanks to Miriam Gerblich we know the first steps which the Bursaries took. Her notebook (MHW 88/JK) covers the time between 31.12.1931 and 08.02.1932. Before 31.12.1931, she spent approximately one to two weeks in the OH.

Jakub Kutalczuk's three notebooks, written between 20.01. and 03.05.1932 (MHW 89/JK and GFHA 14179.1-2), are from the time he had just ended his staying as a Bursary and he started his career as a paid educator of the OH. Consequently, his notes are not strict examples of the Bursaries' notebooks, but I am using them in that chapter to show the experiences of ex-Bursary and relationships between the Bursaries' and employees' notebooks.

Róża Sternkac's nine preserved notebooks, almost 300 handwritten pages, give us an insight into thirteen of seventeen months of Sternkac's educational process in the Bursa, between 31.10.1933 and 08.12.1934 (GFHA 12913.1-10). It is a unique source, we know as far only one so big preserved collection of Bursaries' notebooks.

We do not know the other notes of Gerblich and Sternkac except their Bursaries' notebooks but we know other texts of Kutalczuk (GFHA 14182.1-7). However, I do not refer to them in that chapter, focusing only on the presentation of the notebooks.

Miriam Gerblich (1914–1993)

As far we have only two sources of knowledge about Miriam Gerblich: her notebook and documents from the Museum of Warsaw (MHW 1589, 1996). She was a special category of the Bursaries, namely apprentice *[praktykantka]* (MHW 88/JK, 1). As we know, in Bursa were at least two kinds of apprentices. One was called an 'incoming apprentice', who could eat and wash in the OH but he or she could not sleep there (GFHA 12888). The second was an apprentice during the trial period before coming to the Bursa and he or she had similar rights and duties as an ordinary Bursary. Probably that was the case with Miriam Gerblich.

Documents in MIIW contain two pages of her eulogy, translated probably from Hebrew to Polish. Miriam Gerblich used two other versions of her surname: Groblich and Groblik. She was born in Jarosław on 05.05.1914, and worked two years in the OH, next she emigrated to Erec Israel in 1936 and joined finally the kibbutz Maanit in 1941. She had a husband or partner Cwi and a daughter Rivka. Gerblich passed away in Israel on 20.04.1993 as Miriam Groblik.

Jakub Kutalczuk (1907–1972)

He was born as Jankiel in Sarny in 1907. His father passed away when he was twelve. He was changing schools, attending among others to Hebrew school of 'Tarbut' organization. In 1930 he finished The State Seminary for Teachers of the Mosaic Religion *[Państwowe Seminarium dla Nauczycieli Religii Mojżeszowej]*. This is why he was responsible in the OH for all issues connected with Judaism (Korczak 2008, 291). In the OH he spent probably seven years between 1929 and 1936; three years as a Bursary and four years as a paid educator (GFHA 14180, 7). It is possible that in the OH he started to use the name Jakub. He emigrated to the British Palestine Mandate in 1936 with his wife Janina (Jochewed), who was also an ex-Bursary. Kutalczuk changed there his surname to Cuk (Tzuck) and worked at a school in Rehovot, where he passed away in 1972. He translated many works of Korczak into Hebrew and was one of the founders and an active member of The Committee for the Commemoration of Janusz Korczak in Israel (Korczak 2008, 292). Kutalczuk was also one of the known correspondents of Korczak (Korczak 2019, 49, 70, 74).

Róża Sternkac (1914–193?)

Róża was born in Łódź on 16.03.1914 as Sternkac and she had three siblings. Her sister Dora/Dwora used 'Szternkac' as the form of her surname. Róża used officially the form 'Szterenkac' (KEM 4883) but in the OH she was known as 'Sternkacówna' (GFHA 12913.1, 2). She passed the matura in 1932. She started her stay in the Bursa in August 1933. Before that she was studying German Studies at the University of Warsaw, but they removed her because she could not pay for her study. In October 1933 she began to study pedagogy (RP 42012). Sternkac passed away before WWII, probably in 1935 (Merżan 1987, 98). The OH sent her notebooks to her sister, who emigrated to the British Palestine Mandate, and she donated them to Ghetto Fighters' House Archives. The circumstances of the death and burial place of Sternkac remain a secret.

The Notebooks

In their notebooks, the Bursaries were using dark ink and Wilczyńska the red one. The Bursaries were every day giving to Wilczyńska their notebooks with actual entries. She was reading the last entries and commented on them between the lines, at the top or end of the page or using a kind of footnotes. This way she exchanged important information with many people in a very short time.

Of course, it was not the only form of communication with the educators. Wilczyńska and Korczak also spoke with them when necessary and there were organized many kinds of meetings. The crucial, educational meetings for Bursaries, Wilczyńska and Korczak took place every Friday evening. They were discussing there their educational problems and the inspirations for these discussions Korczak found in Bursaries' notes.

3.2 The Content of the Notebooks: A Review

The notebooks are very peculiar texts, dense and full of details: descriptions of situations, questions, reflections, and doubts as well as the names of people and institutions which were functioning in the OH. However, it is very difficult to generalize their content, three general areas seem to be the most important.

The first area are the entries regarding the duties of Bursaries, as the main field of their activity, where they demonstrated their skills, involvement and personality.

The second area are the results of the Bursaries' reflexivity, focusing on the children and themselves in the environment of the OH as a very specific and complicated institution.

The third area are Wilczyńska's entries, especially those where she expressed her reflexivity and formulated more general and significant thoughts.

The Bursaries' notebooks, like many solutions in the OH, allowed them to achieve many goals at the same time. The first down-to-earth goal was efficient day-to-day communication. During that process, Wilczyńska could see to what extent the Bursaries understood how the OH works, how they fulfilled their duties and how they used their communication skills.

The second goal was to increase the Bursaries' reflexivity. And it was connected with the third goal: the training of independent pedagogical work, based on critical observation of children and themselves. And that is a part of the answer to the question I posed above: "What does it mean to be a good teacher, educator or caregiver?". For Korczak and Wilczyńska it meant for sure that such a person should communicate efficiently, have a quick orientation in a new environment and besides doing his or her job should also be able to reflect on it to improve his or her work. The same set of skills we expect today from future and active teachers or caregivers.

3.2.1   Duties

A list of duties below is not a full list because the description of many duties demands an additional explanation, impossible to give while maintaining the intended volume of this chapter. Reading it is worth remembering that for Korczak and Wilczyńska all activities, duties even things in the OH could have an educational impact.

Lessons

Gerblich and Sternkac regularly supported children with their homework, regardless of the subjects, however, they treated these meetings as an opportunity to learn whatever they were interested in. Gerblich was responsible for two children and Sternkac for eight.

Kutalczuk taught Yiddish in the OH and it was his permanent obligation for years. He had also the right to prepare and give children a kind of certificate from his lessons, which proves a high position of this activity. As an employee, Kutalczuk was supervising also the lessons of Hebrew and prayer, conducted by another Bursary.

Taking care of children

All three authors had also the same experience of keeping an eye on the children each afternoon in the main hall of the OH. After 17.00 some children had free time. There were some organized activities, but they were not obligatory. The main duty of watchers was to see if children's activity did not break the rules of the OH.

The more challenging duty took place in the bedroom. Sternkac took care of the bedroom of the girls, and Kutalczuk of the boys. Bedrooms for girls and boys were separated and each of them was a big hall with around 50 beds. The educators assisted them before and after sleeping and slept in the same place to help them if needed.

Sewing room

Both Gerblich and Sternkac had this duty, but probably not at the same time. The small sewing room adjacent to the main hall of the OH. They were learning about sewing there and next they could help in the repair of clothing of children from the OH, but they could sew their clothes, too. It was also an opportunity for them to know better people who were in the sewing room with them.

Conducting the prayers

Kutalczuk, as a graduate of The State Seminary for Teachers of the Mosaic Religion [Państwowe Seminarium dla Nauczycieli Religii Mojżeszowej] had the special knowledge and preparations to do that duty. He conducted prayers at least every evening in the main hall.

Outside the OH

Sometimes the educators had to do their tasks outside the OH, e. g. Gerblich assisted children during their medical interventions in doctor's surgery and Sternkac was visiting schools of children from the OH. She spoke with teachers, gathering information about children and sometimes excusing them.

The Bursaries in the OH used their prior qualifications and knowledge to conduct activities with children or to be in charge of a particular area, e.g. prayers. But other skills seem much more important. As we can see from a short overview above the essentials for Wilczyńska and Korczak were flexibility, listening to children and treating them as experts in some issues as well as readiness for experiments and looking for new solutions.

And the question is, to what extent the same skills are expected from today's teachers?

3.2.2 The Children and Bursaries in the OH as a Topic of Reflections in the Notebooks

Reflections, observations, questions and dilemmas inspired by issues connected with the OH, children and educators are one of the main parts of the notebooks. These notes reflect the way of thinking of the educators, their values, skills, readiness for learning from failures and, of course, their reflexivity. One of the major difficulties was that the Bursaries had to know the complicated environment of the OH without any additional training, they just were learning by doing. It demanded a specific attitude, expressed by Gerblich as follows:

If I start a new job, I don't need any prior instructions, because I can get to know the job and see it from my point of view. If, on the other hand, unfamiliarity causes difficulties and often difficult moments, I am aware that they must be present in every new field of work.

[Jeśli przystępuję do nowej dla mnie pracy, to niekonieczne są dla mnie uprzednie instrukcje, bo przecież mogę się z tą pracą poznać i patrzeć na nią z własnego punktu widzenia. Jeśli zaś z jej nieznajomości wypływają trudności i częstokroć chwile ciężkie, to przecież jestem tego świadoma że na każdym nowym polu pracy muszą być.] (88/ JK, 11a)

An important aspect of this attitude was a kind of cognitive and emotional procedure of dealing with situations of lacking knowledge or experience:

[...] when I'm talking to the children, when the conversation turns to matters of self-government, I try to listen to what they're saying and, as far as possible, not to speak out on these matters, lest I come up with something inappropriate.

[[...] gdy rozmawiam z dziećmi, gdy rozmowa schodzi na sprawy tyczące samorządu staram się tylko słuchać co one mówią, o ile możności nie zabierać głosu w tych sprawach by się nie wyrwać z czemś niestosownem.] (88/JK, 14b)

Wilczyńska commented on it with only one word: "Right *[Słuszne]*". She appreciated probably not only a kind of humility but also an intuition of treating children as experts in all appropriate situations. Wilczyńska encouraged her to use the experience and kindness of these experts.

The same approach one can see in Wilczyńska's relationship with Róża Sternkac. On 13.11.1933 Sternkac described the difficult situation with older boys who were jumping over four chairs in a row. She wrote: "It worried me, I was afraid of an accident, but I couldn't interrupt. [Zaniepokoiło mnie to, bałam się wypadku, ale przerwać nie mogłam.]" (GFHA 12913.1, 7a). She justified her decision by referencing the authority of Janusz Korczak:

[…] *Mr Doctor said in 'How to Love a Child', that a caregiver who does not take risks for his safety or comfort is a tyrant to children.*

[*Utwierdziło mnie w tem zdanie p. Doktora w tej sprawie, wypowiedziane zdaje się w 'Jak kochać dziecko', że wychowawca, który dla własnego bezpieczeństwa czy wygody nie ryzykuje, jest tyranem dla dzieci.*] (GFHA 12913.1, 7b)

Sternkac showed her respect for children's creativity and agency as well as readiness for taking a risk in the name of it. It seemed to be the right choice but the reaction of Wilczyńska was:

You might not know but they know excellent, that jumping over chairs is strictly forbidden. In doubtful cases you have to ask some Szymek or Chaimek: 'but is it allowed'?

[*Pani mogła nie wiedzieć, ale oni doskonale wiedzą, że skakanie przez krzesła jest surowo zabronione. W wątpliwych wypadkach trzeba zapytać jakiegoś Szymka, Chaimka: 'a czy to dozwolone?'*] (GFHA 12913.1, 7a-b)

Citing Korczak was not enough for Wilczyńska. She did not write anything about Sternkac's decision, but it was clear she made a mistake and did something against the OH's rules. But at the same time, Wilczyńska allowed her to learn from failure, writing a tip on how to avoid mistakes like these in the future. And the message of this tip was the same as in Gerblich's case and highly 'Korczakian': to know which children are trusted and ask them for help.

Kutalczuk's notes were written from a different perspective. As an employee, he was probably expected to see the OH also from the broader, institutional perspective and he was trying to do it. The leitmotif of his notes is the series of proposals: ideas and modifications of the OH's reality at many dimensions.

He had been inspired by the observation of two boys playing chess in the bedroom and proposed to popularize its idea among all interested children, "to make the moments before bedtime more pleasant [*uprzyjemnić chwile przed snem*]" (89/JK, 3b). Wilczyńska accepted it.

Probably feeling encouraged, Kutalczuk presented to Wilczyńska his next idea: to establish a shoelaces rental (!) for children who were losing them. This time Wilczyńska disagreed: "Why make competition for the little shop? I can give you the little shop back in time – very willingly – for these experiments [*Po co robić konkurencję sklepikowi. Mogę panu z czasem oddać sklepik – bardzo chętnie – na te eksperymenty]*" (JK/89, 5a).

The using of the word 'experiment' is not accidental. Korczak wrote to the Bursaries that "[...] in education, everything is an experiment – a trial *[[...] w wychowaniu wszystko jest eksperymentem – próbą]*" (Korczak 2008, 12). Maybe that is why Kutalczuk was not giving up on proposing his ideas.

The next Kutalczuk's proposal is from our perspective also a cross-cutting characteristic of some aspects of the OH, including its' Jewishness and Wilczyńska's religiosity. Kutalczuk was referencing the conversation with Wilczyńska and he wrote about evening prayers in the OH:

I often hear complaints and grievances that praying in the hall does not make sense. You claim that 'if I were religious I wouldn't allow prayer to be held in this way.' [...] prayer in Hasidic realms does not take place under better conditions. The synagogues are crowded and uproarious. Children tease, youth talk loudly and somehow get away with it.

[Często słyszę skargi i żale, że modlitwa na sali nie ma sensu. Pani twierdzi, że 'gdybym była reli[gi]jna tobym nie pozwoliła na takie odprawianie modlitwy'. [...] modlitwa w sferach chasydzkich, nie odbywa się w lepszych warunkach. W bóżnicach panuje tłok i wrzawa. Dzieci dokazują, młodzież rozmawia głośno i jakoś to uchodzi.] (GFHA 14179.2, 5b)

As a person who conducted prayers, Kutalczuk had the right to feel offended, but he treated this situation as an opportunity to implement a new idea "if Mr Doctor will not mind" (GFHA 14179.2, 5b). Because evening prayers might be said in beds, Kutalczuk proposed that someone could pray aloud in the tiny room between girls' and boys' bedrooms to learn children this prayer and allow them to pray by themselves. Wilczyńska answered they tried to do it before it and it was "unfeasible" (GFHA 14179.2, 5b).

These entries reveal the detailed circumstances of religious life in the OH, which is almost absent not only in Korczak's works but also in post-war testimonies. Thanks to it we can imagine what prayers in the OH were like, we know that Korczak was probably responsible for religious issues in the OH and

Wilczyńska was not a religious person (what we basically knew but here we have evidence) but she was sensitive to a kind of sacrum.

3.2.3 Stefania Wilczyńska's entries

Most of Wilczyńska's entries were reactions to the Bursaries' notes or questions and were concerned with their work, opinions, and sometimes well-being. When she could do it, she responded with one word; if not, she wrote short, concise sentences. But we can find some of Wilczyńska's notes where she exposed her attitudes, beliefs, and even feelings, primarily concerned with the OH and its' rules and members. It was not systematic but depended on a particular topic or situation which touched her or had make her think.

Generally, Wilczyńska did not express her emotions among collaborators or pupils. The rare example is her reaction to the rhetorical question of Sternkac, who worried about one of the boys, who had to leave the OH and seemed to be unprepared. Wilczyńska responded:

What can we do?! At the meeting yesterday, there was a talk of these 14-year-olds for 2 hours, at the Care Commission Meeting also 2 hours, I will devote dozens of hours to them, but we have to count on the families and the conditions to which they will return. Every year I experience this as the most difficult issue.

[Co my możemy poradzić?! Na posiedzeniu wczoraj mówiło się o tych 14lat [czterna-stolatkach] 2 godziny, na Pos.[iedzeniu] Kom.[isji] Op.[iekuńczej] też 2 godziny, ja im poświęcę kilkadziesiąt godzin, ale trzeba liczyć tylko na rodziny i warunki do których wrócą. Co rok to przeżywam, jako najtrudniejsze zagadnienie.] (GFHA 12913.6, 2a)

One can see a coherence between Wilczyńska's words and deeds concerning the development of self-reliance of the educators and pupils. She was advising mostly about procedures and informing about facts but generally, she expected independent ideas and actions. In the situation with the girl named Surka, Sternkac expected that Wilczyńska should support her decision and punish Surka additionally. In one of her longest entries, Wilczyńska justified why she did not want to do it:

I did not have the slightest intention to cause annoyance or criticism. I recalled similar incidents and my experiences with them twenty-odd years ago and how I changed my mind after a week, a month. I can't compare your attitude with mine now, because the power of experience hinders as much as it helps with self-criticism. That's why I'm so cautious about giving advice.

[Nie miałam najmniejszego zamiaru sprawiania przykrości ani krytykowania. Przypomniałam sobie podobne zajścia i przeżycia moje przy nich zprzed 20kilku lat i jak zmieniałam swoje zdania po tygodniu, miesiącu. Nie mogę porównywać pani nastawienia z mojem teraz, bo siła doświadczenia w równej mierze na tyle przeszkadza, na ile pomaga w samokrytyce. Dlatego taka ostrożna jestem z dawaniem rad]. (GFHA 12913.7, 3a-b)

Cautious is a euphemism; Wilczyńska was very firm in her attitude:

Often they want to squeeze advice from me when they don't want to decide for themselves (even adults), and I want to force them to independent decisions.

Często chcą wydusić ode mnie radę, gdzie nie chcą sami decydować (nawet dorośli), a ja chcę ich zmusić do samodzielnej decyzji. (GFHA 12913.7, 15a)

Self-reliance was one of the basic values of the OH where were developed many skills connected with this value. It was treated as valuable for itself but also as a foundation of future decisions and actions and it is visible in Wilczyńska's resentment towards Sternkac:

[…] after all, they need to be taught to know how to claim their rights themselves. I take such an opportunity, and the lady, despite my explanations, does not want to help me!

[[…] przecież trzeba je nauczyć, by umiały się same upomnieć o swoje prawa. Korzystam z takiej okazji, a pani mimo moich tłumaczeń nie chce mi pomóc!] (GFHA 12913.8, 13)

The last example of Wilczyńska's general reflection comes from Kutalczuk's notebook. As a person in charge, he had presented to her the idea of how to improve the work of fifteen people who were on duty. She commented it was an inappropriate time for change like this and she justified:

I'm afraid: too much of this writing, papers, boards, booklets – the whole machine tied closely to the man who runs it.

Work must be built so that you can be easily replaced without great disruption to the cause. And such an apparatus – to whom will you impose it, for example, for a month of your vacation?

[Boję się: za wiele tej pisaniny, papierów, tablic, książeczek – cała maszyna związana ściśle z człowiekiem, który to prowadzi.

Pracę trzeba budować tak, żeby można było być bez wielkich dla sprawy zaburzeń łatwo zastąpionym. A taki aparat – komu pan to narzuci np. na miesiąc swego urlopu?] (GFHA 14179.2, 11b)

Ironically, her comment could be easily used as a description of the OH as a whole. Wilczyńska should not be surprised by the form of Kutalczuk's idea because he was modeled by the OH which was so complicated and bureaucratic institution.

Wilczyńska described, probably unconsciously, also her way of functioning in the OH, especially regarding the Bursa. She was the person *who ran it*, who could not be *easily replaced*. And, if my reasoning is correct, that was why the Bursa had to be closed when Wilczyńska went out of the OH and was opened when she came back.

After reading Wilczyńska's entries, we can see again how important the self-reliance of teachers or caregivers was. According to Wilczyńska, a self-reliant teacher could better support his or her pupils in their self-reliance. Consequently, Wilczyńska did not want to overwhelm the Bursariot with her long-term experience or to force obedience but allowed them to build their paths. It is interesting, how needed and popular is the similar attitude in contemporary Teacher Education.

4. Conclusions

I believe the presented sources could be useful in many dimensions. I have chosen three of them, representing different ways of perceiving the Korczakian legacy. The first dimension is connected with e. g. historical, pedagogical, psychological, or philosophical interests. From that perspective, the notebooks are primarily the mine of details: names, dates, solutions, institutions, connections between them, etc. It is a unique collection of the ego-documents of Jewish youth, who were interested in education and were looking for their place in life in Poland and abroad before the Second World War.

Looking from the micro-historical and anthropological points of view, especially embedded in the interpretative paradigm, the notebooks allow us to see the co-creation of the reality of the OH by the Bursaries and to understand how they perceived their situations and what meanings they ascribed to them.

The pedagogical insight reveals the general educational approach in the OH and the attempts of the educators to fit in it. The panorama view of the OH and Korczakian pedagogy, described in Korczak's books, is completed thanks to the notebooks by the individual and collective decisions, dilemmas, and means of educational impact. Some aspects of the notes make us aware of the differences between Korczak's works and descriptions of the educators.

And, what is very important, presented sources are also the starting point towards deeper considerations about bilateral relationships between Korczak's pedagogy and the people around him. He was fully aware of it and wrote in the Ghetto: "We bring up you, but you also bring us up *[My was, ale i wy nas wychowujecie]*" (Korczak 1992, 184). The Bursaries' notes allow us to study if their work and reflections could impact Korczak's thought and practice.

The second dimension concerns the popular story of Janusz Korczak, which is more or less similar in many countries. That story is still very Korczak-centric. It is understandable because the message of that kind of story is catchy, simple and strong, easy to tell and spread. However, telling it as a one-man story automatically makes it crooked and untrue.

The unquestionable merits of Korczak were proposing ideas that organized so many various people around them. His words and concepts became not only books but also institutions and many groups of people who believed in them and tried to maintain and continue them. If we forget about these people, we do not tell the true story of Korczak.

The Bursaries' notebooks give us a chance to know Korczak's story almost without Korczak himself because his name is rarely mentioned in these sources. We can much deeper understand not only the crucial role of the Bursaries and employees but first of all the role of Wilczyńska as a keystone of the OH's construction.

Thanks to it we can tell a little bit more complicated but even more true story of Janusz Korczak. The third dimension is a possible inspirational aspect of the presented sources. Among other topics, they are a good reason to the discussion about the role of reflexivity and self-reflexivity in education, not only in the education of teachers or educators. From that perspective, the Bursaries' notebooks can understand as a narration about the power and transformative might of mindfulness, empathy, and learning by doing and writing down reflections.

Comparing contemporary approaches and results of research in the area of reflexivity with historical sources from so an exceptional institution such as the OH, one can have an opportunity to see new perspectives which could be useful during the planning of the next research or training. Nevertheless, I think the crucial thing we can learn today from the historical experience of the Bursa is located in the area of teachers' attitudes.

According to Janusz Korczak, the OH was a kind of pedagogical and institutional laboratory. One of the crucial goals of that 'experiment' was the creation of a self-governmental children's society based on children's rights. Of course, it was not a perfect institution but children's rights were taken there very seriously.

From that perspective, the Bursa was also a place of experimental training for the caregivers. The most expected result of that training seems to be an internalization of belief that the respect for children's rights should be a permanent basis for teachers or caregivers. Consequently, Bursaries learned how to connect that belief with their knowledge and skills and transform it into educational activities. Today we have huge systems of Teacher Education, we teach them so much knowledge and equip them with so many skills. Of course, they know children's rights and they are aware of their importance.

But there are some questions on many dimensions. Is the respect for children's rights of contemporary teachers just one piece of their knowledge and skills or the central value of their attitude, which organizes their thinking and acting? To what extent is important to teach future teachers that way for the institutions of Teacher Training? And finally, are schools or kindergartens the places where the teachers can strengthen their 'respect for children's rights' attitude or rather forget it?

As far, that chapter is one of the very few texts devoted to the Bursaries' notebooks as an example of preserved sources from the OH. I hope they will gain in importance as they deserve. I also hope the growing interest will spark the need to elaborate, publish and translate them which allow much more groups of researchers and other interested people to use, interpret and inspire.

Bibliography

XXV lat działalności Towarzystwa "Pomoc dla Sierot" 1908-1933 [25 Years of the Activity of the 'Orphans Aid Society' 1908-1933] (1933). Warszawa.

Arnon, Josef (1978): Mechanech ha'mechanhim [The Educator of Educators]. In: Hachinuch Hamszutaf, 95, pp. 127-144.

Beiner, Friedhelm/Ungermann, Silvia (1999): Janusz Korczak in der Erinnerung von Zeitzeugen: Mitarbeiter, Kinder und Freunde berichten. Gütersloh.

Cohen, Adir (1994): The Gate of Light: Janusz Korczak, the Educator and Writer who overcame the Holocaust. London/Toronto.

Dror, Yuval (1998): Educational Activities in Janusz Korczak's Orphans' Home in Warsaw: A Historical Case Study and its Implications for Current Child and Youth Care Practice. In: Child & Youth Care Forum, 27/1998, pp. 281-198.GFHA 12888.

GFHA 12913.1-10. Ghetto Fighters' House Archives. The Notebooks of Róża Sternkac (1933–34). Online: https://shorturl.at/gxFG7 (accessed: 03.12.2022).

GFHA 14182.1-7 Ghetto Fighters' House Archives. The Notes of Jakub Kutalczuk.

GFHA 14179.1-2. Ghetto Fighters' House Archives. The Notebook of Jakub Kutalczuk (1932). Online: https://shorturl.at/bCGY2 (accessed: 04.01.2023).

GFHA 37997. Ghetto Fighters' House Archives. Chaja (Helenka) Lewi Collection (1938–1941). Online: https://t.ly/nfFzE (accessed 20.01.2023).

Ghetto Fighters' House Archives. The Letter of Confirmation for Sabina Damm from Stefania Wilczyńska (1937),

Kaplan, Regina (2008): Kritische Anmerkungen zur Ausbildung des Sozialpädagogen nach Janusz Korczak. Basierend auf einer Kompetenzerhebung. Diplomarbeit, Universität Wien. Online: https://utheses.univie.ac.at/detail/722 (accessed: 07.02.2023).

KEM 4883. Archives of the University of Warsaw. Files of the Róża Szterenkac.

Korczak, Janusz (1942): [List Janusza Korczaka] [The Janusz Korczak Letter]. In: Gazeta Żydowska, 3/1942, p. 2.

Korczak, Janusz (1992): Trzeba to zrozumieć [This needs to be understood]. In: Janusz Korczak w getcie. Nowe źródła [Janusz Korczak in the Ghetto. New sources]. Ed. by Lewin, Aleksander. Warszawa.

Korczak, Janusz (2008): Pisma rozproszone: listy (1913–1939). [The Dispersed Writings: Letters (1913-1939).]. Vol. 14/2. Ed. by Kirchner, Hanna. Warszawa.

Korczak, Janusz (2019): Briefe und Palästina-Reisen. Dokumente aus den Kriegs- und Ghetto-Jahren. Tagebuch-Erinnerungen. Varia. Ed. by Beiner, Friedhelm. Gütersloh.

Korczak, Janusz (2021): Pisma czasu wojny: (1939–1942). [Wartime Writings: (1939–1942).]. Vol. 15. Ed. by Kirchner, Hanna/Dziadkiewicz, Bianka/Leociak, Jacek/Ciesielska, Marta/Czernow, Anna Maria. Warszawa.

Lasota, Wojciech (2020): Korczakowska pedagogia w Domu Sierot na podstawie zapisków Róży Sternkac [Korczak's pedagogy at the orphans' home based on the notes of Róża Sternkac]. In: Kwartalnik Pedagogiczny, 65/2020, pp. 66-78.

Lifton, Betty Jane (1988): The King of Children: A Biography of Janusz Korczak. New York.

Maclean, Mairi/Harvey, Charles Edward/Clegg, Stuart (2016): Conceptualizing Historical Organization Studies. In: The Academy of Management Review, 41/4/2016, pp. 609-632.

Magnússon, Sigurður Gylfi/Szijártó, István M. (2013): What is Microhistory? Theory and Practice. London.

Merżan, Ida (1987): Aby nie uległo zapomnieniu [Lest We Forget]. Warszawa.

MHW 88/JK. Museum of Warsaw. The Notebook of Miriam Gerblich (1931–32). Online: https://kolekcje.muzeumwarszawy.pl/pl/obiekty/14689/ (accessed: 03.02.2023).

MHW 89/JK. Museum of Warsaw. The Notebook of Jakub Kutalczuk (1932). Online: https://kolekcje.muzeumwarszawy.pl/pl/obiekty/14769/ (accessed: 03.02.2023).

MHW 1589. Museum of Warsaw. The Letter of Batia Gilad and Chawka Avni; The Translation of the Eulogy to Miriam Groblik (1996).

RP 42012. Archives of the University of Warsaw. Files of the Róża Szterenkac.

Schwartz-Shea, Peregrine/Yanow, Dvora (2013): Interpretive Research Design: Concepts and processes. Routledge.

Ungermann, Silvia/Brendler, Konrad (2004): Janusz Korczak in Theorie und Praxis: Beiträge internationaler Interpretation und Rezeption. Gütersloh.

Ungermann, Silvia (2006): Die Pädagogik Janusz Korczaks: Theoretische Grundlegung und praktische Verwirklichung 1896–1942. Gütersloh.

Wilczyńska, Stefania (2004): Słowo do dzieci i wychowawców [A Word to Children and Educators]. Ed. by Ciesielska, Marta/Puszkin, Barbara. Warszawa.

Korczak, ein Held seiner Zeit!
Korczak, ein Held unserer Zeit?

Ergebnisse einer internationalen Studierendenbegegnung

„Korczak, ein Held in unserer Zeit?" – mit dieser Frage nach gegenwärtigen Anknüpfungspunkten in Leben und Werk des polnischen Arztes, Waisenhausleiters und (Reform)Pädagogen Janusz Korczak setzten sich anlässlich dessen 80. Todesjahres Studierende der Universitäten Passau und Warschau im Rahmen eines internationalen Austausches ein Semester lang auseinander. Diese Arbeit war von Passauer Seite her zudem fachübergreifend angelegt und ermöglichte die Kooperation von Geschichtswissenschafts- und (Grundschul-)Pädagogikstudierenden. Ausgehend von einer historischen Rahmung der exemplarischen Biografien, welche die Historiker*innen punktuell zugänglich machten, widmeten die Lehramtsstudierenden sich im gemeinsamen Seminar den Schwerpunkten „Demokratie, Kinderrechte und Partizipation", „Achtung und Anerkennung" und „Didaktische Zugänge".

Nach gruppeninterner Vorbereitung der polnischen und deutschen Hochschüler*innen, reisten die Passauer Seminarteilnehmer*innen nach Warschau, um dort innerhalb einer Exkursionswoche ihre theoretisch gewonnenen Fachkenntnisse perspektivisch durch die Auseinandersetzung mit signifikanten Erinnerungs- und Bildungsräumen wie dem POLIN-Museum, dem Umschlagplatz-Denkmal am ehemaligen Warschauer Ghetto, dem Korczakianum und der Gedenkstätte am ehemaligen Vernichtungslager Treblinka zu vertiefen und zu erweitern. Zusätzlich hat ein gemeinsamer Workshop mit den Warschauer Studierenden an der Pädagogischen Fakultät stattgefunden, welcher exemplarisch an den Lebensspuren Janusz Korczaks und der Weggefährt*innen ansetzte, um den Studierenden die Analyse und Diskussion pädagogischer Möglichkeiten und didaktischer Erfordernisse von Erinnerungsarbeit und Holocaust Education in der schulischen Bildung in Polen und Deutschland zu ermöglichen. In diesem Zusammenhang rückten auch globale gegenwärtige Herausforderungen der Schule in den Mittelpunkt. Die Ergebnisse ihrer vielseitigen Arbeiten präsentierten die Studierenden im Rahmen des polnisch-deutschen Symposiums „Janusz Korczak im Europa des 21. Jahrhunderts", das im Juli 2022 an der Universität Passau stattfand.

Im Folgenden beschreiben die studentischen Teilnehmer*innen im Anschluss an eine knappe Einordnung der Situation Warschaus unter deutscher
Besatzung zwischen 1939 und 1942 zunächst die zentralen historischen Lern-
orte der gemeinsamen Exkursion, bevor sie die Ergebnisse der Diskussion po-
tentieller pädagogischer Anknüpfungspunkte überblicksartig darstellen.

1. Auf den Spuren von Janusz Korczak in Warschau und Umgebung: Historische Einordnung und zentrale Lernorte

1.1 Warschau unter deutscher Besatzung: 1939–1942

ANDREAS TREMBACZOWSKI

Warschau. Die Stadt an der Weichsel ist seit dem 17. Jahrhundert die moderne
Hauptstadt des polnischen Staates und ebenfalls eines der beiden kulturellen
Zentren der polnischen Intelligenz. Nicht zu unterschätzen ist der große Anteil
der jüdischen Bevölkerung, die bis zum Zweiten Weltkrieg in der Stadt gelebt
hat. Genaue Angaben seitens der Stadt liegen zwar nicht vor, durch Angaben
von Institutionen, wie dem Warschauer Ghettomuseum, kann die Zahl der jüdischen Einwohner*innen auf rund 370.000 geschätzt werden, was rund 30% der
damaligen Stadtbevölkerung ausmachte (Warschauer Ghettomuseum, o.D.).

Trotz teilweise bekannter nationalistischer Stimmung im Zwischenkriegs-
polen konnten Warschauer*Innen jeglicher Nationalität oder Religion entspannt
und friedlich zusammenleben. Die Anspannung stieg vor allem im Sommer
1939, als immer klarer wurde, dass ein Angriff aus dem Deutschen Reich unver-
meidbar schien (Szpilman 1998, 9). Dennoch lief das Leben einigermaßen nor-
mal weiter. Diese Sichtweise lässt sich aus dem Tagebuch des polnisch-jüdischen
Pianisten Wladyslaw Szpilman herauslesen, der diese aus seiner Perspektive
schildert.[1] Bis zum Einmarsch der deutschen Truppen Ende September 1939
teilten sich jüdische wie nicht-jüdische Bewohner*innen das Leid, das durch nahezu tägliche Luftangriffe oder Artillerieschläge herabfiel. Nach der Einnahme
der Stadt begannen die Repressionen der Besatzer gegenüber der Bevölkerung,
verstärkt allerdings gegenüber den jüdischen Mitbewohner*innen. Auch diese
beschreibt Szpilman teilweise ziemlich genau, so erwähnt er z.B. die Begren-

---

1 Władysław Szpilmans Tagebuch bildet eine gute Möglichkeit, die Besatzungszeit Warschaus und des Ghettolebens aus der Perspektive eines jüdischen Einwohners einheitlich
und vollständig nachzuvollziehen. Deswegen stellt das Tagebuch die Hauptquelle für diese
Perspektive dar.

zung des Bargelds zu Hause, die mögliche Entnahme von Wertgegenständen oder das Schikanieren auf offener Straße (ebd., 29-37). Allerdings fällt auch die Aussage, dass die Bevölkerung anfangs Hoffnungen an die Besatzer geknüpft haben soll: So wird die Flucht der polnischen Regierung und Armeeführung kurz vor der Kapitulation als feige beschrieben (ebd., 30-31). Die Repressalien wuchsen weiter, von z.B. höheren Preisen in Straßenbahnen für die jüdischen Mitbürger*innen, über das gänzliche Verbot der Benutzung von Zügen bis hin zu harten Strafen für das Verletzen der nächtlichen Polizeistunde, was auch Szpilman thematisiert. In seinem Fall drohten ihm, seinem Bruder und seinem Vater die Erschießung, was letztendlich durch eine willkürliche Entscheidung eines Gendarmen nicht eintraf. Zudem häuften sich Diebes- beziehungsweise Raubzüge vor allem gegen jüdische Familien (ebd., 36-43).

Trotz dieser Repressionen und Schikanen in den ersten Monaten konnten viele jüdische Bürger*innen dort wohnen bleiben, wo sie auch vor 1939 wohnten. Dies änderte sich im Herbst 1940, als beschlossen wurde, dass in Warschau ein Ghetto eingerichtet wurde und alle Juden in einen festgelegten Stadtbereich ziehen mussten. Szpilman und seine Familie waren von der ersten Umsiedlung 1940 allerdings nicht betroffen, da sich ihre Wohnung bereits im Ghettobereich befand. Personen oder Familien jedoch, die umziehen mussten, erwartete eine beschwerliche Suche nach einer neuen Wohnmöglichkeit (ebd., 45-46). In parallelen deutschen Quellen findet sich nicht viel Persönliches, das die Umsiedlung thematisiert. Selbst in der Briefsammlung des deutschen Offiziers Wilm Hosenfeld, der später mehreren Verfolgten zum Überleben verhalf und dessen Briefsammlung einen guten Überblick für die „deutsche" Seite der Besatzungszeit darstellt, findet sich nur eine Randnotiz, dass alle Juden ins Ghetto müssten (Hosenfeld 2004, 401). Einmal umgesiedelt, folgte laut Szpilman eine immer größer werdende Unterdrückung. Das Ghettogebiet wurde zunächst abgeriegelt und abgesperrt, später immer wieder verkleinert, und spontane Durchsuchungen oder Verhaftungen gehörten zur Tagesordnung, wie Szpilman in einigen verschiedenen Beispielen schildert (Szpilman 1998, 48-61).

Die Ghettozeit dauerte für den Großteil der „Bewohner*innen" gut eineinhalb Jahre, bis im Jahr 1942 die „Endlösung der Judenfrage" beschlossen wurde. Im Zuge der Maßnahmen wurde die Bevölkerung des Ghettos schrittweise, mit nur kleineren Ausnahmen, deportiert. Der Ort, der bis heute symbolisch die Deportation darstellt, ist der sogenannte Umschlagplatz, der sich 1942 am nördlichen Rand des Ghettos befand. Damals war das Gebiet ein weiter Platz, der zum Güterbahnhof an der Danziger Straße gehörte und auf dem bis zum Weltkrieg Waren und Artikel nach Warschau verladen wurden. Die gesamten

Ausmaße des Platzes sind heute nicht erkennbar, da im Zuge der Neubebauung des ehemaligen Ghettoviertels die alten Straßenzüge teilweise überbaut worden sind. Symbolisch steht heute das Umschlagplatz-Denkmal an der Stawki-Straße für den Ort und die Geschehnisse. Die Gedenkstätte nimmt nur einen minimalen Teil der ursprünglichen Fläche ein. Das Denkmal an sich ist in Form eines Quaders aufgebaut und soll, gemäß der Beschreibung, lose dem Grundriss eines Viehwaggons, mit denen die jüdische Bevölkerung abtransportiert worden ist, nachempfunden sein. Zudem sind an den Wänden des Denkmals die 400 beliebtesten jüdischen und polnischen Vornamen eingelassen, dabei steht jeder Name auch für rund 1000 Opfer unter den Warschauer Juden. Ebenfalls befindet sich neben dem Denkmal ein schwarz gepflasterter Weg, der die Eisenbahnrampe nachempfinden soll, auf der dann die jüdischen Opfer in die bereitgestellten Waggons getrieben wurden.

Ziel der Deportationen war in den allermeisten Fällen das Vernichtungslager Treblinka, das etwa 85 km nordöstlich von Warschau liegt. Unter den abtransportierten Jüd*innen befanden sich auch bekanntere Personen aus dem Ghettoleben, wie z.B. Janusz Korczak sowie die Kinder und die Mitwirkenden aus dem Waisenhaus.

1.2 Kampf und Martyrium:
Gedenkstätte ehemaliges Vernichtungslager Treblinka

MICHAEL BARTL

Schon im Rahmen des deutschen Eroberungsfeldzuges ab dem 1. September 1939 begann die Verfolgung von im NS-Kontext unerwünschten Personen und Gruppen in Polen. Die Einsatztruppen der SS begannen im Hinterland der Frontlinie mit Massenerschießungen jüdischer Bürger.

Mit den Beschlüssen der Wannsee-Konferenz vom 20. Januar 1942 verschärfte sich die Lage nochmals schlagartig. Dies betraf insbesondere das sogenannte Generalgouvernement (Medykowski 2018, 222 ff.). Während schon seit Beginn der nationalsozialistischen Herrschaft in Deutschland Konzentrationslager errichtet wurden, begann man nun mit dem Bau von dezidierten Vernichtungslagern. Alle diese Lager wurden nicht innerhalb der deutschen Reichsgrenzen, sondern im besetzten Polen errichtet.

Im Sommer 1942 lief die sogenannte „Aktion Reinhardt" an, welche auf die Ermordung der jüdischen Bevölkerung im Generalgouvernement abzielte (ebd., 8 f.). Das Generalgouvernement umfasste einen großen Teil des heutigen Polens, samt der Hauptstadt Warschau, und die Westukraine. Für diesen Zweck wurden drei Vernichtungslager errichtet: Majdanek, Sobibor und Treblinka (Berger 2016, 70). In Letzterem fanden der Pädagoge und Arzt Janusz Korczak, seine Mitarbeiterin Stefania Wikczynska sowie seine Waisenkinder den Tod (Shner 2021, 26 ff.). Alle drei Lager waren bis 1943 aktiv. Mit dem Ende der „Aktion Reinhardt" wurden die Lager zerstört und Spuren verwischt (Crowe 2011, 615). Bei einem Besuch der Gedenkstätte Treblinka stellt man fest, dass keine Bauten erhalten sind. Sowohl die Lagerbauten selbst als auch die Unterkünfte der SS und Trawniki wurden noch während des Krieges abgebaut.

Die Lager der „Aktion Reinhardt" unterschieden sich von anderen Lagern wie Ausschwitz-Birkenau deutlich in ihrer Funktion. In Auschwitz waren mehrere Konzentrationslager angegliedert und die Arbeitskraft der Häftlinge wurde vor ihrer Ermordung ausgebeutet. Die Lager Majdanek, Sobibor und Treblinka waren nicht zur längerfristigen Aufnahme von Häftlingen ausgelegt. Der Großteil der Menschen, die nach Treblinka verschleppt wurden, wurden noch am Tag ihrer Ankunft ermordet. Eine Ausnahme bildete eine kleine Gruppe Häftlinge, welche aus Schreinern, Juwelieren und anderen Handwerkern bestand. Ihre primäre Aufgabe bestand darin, das Gepäck der Ermordeten auf Wertsachen zu durchsuchen und zu sortieren.

Dies erklärt auch die relativ geringe Zahl an Wachpersonal in diesen Lagern. Für Treblinka ist anzunehmen, dass die Wachmannschaft aus einem Kontingent von 30-40 SS-Männern und rund 100 Trawniki bestand (Berger 2016, 72 f.). Bei den sogenannten Trawniki handelte es sich um nichtdeutsches Wachpersonal, welches von der SS ausgebildet und in den Vernichtungslagern der „Aktion Reinhardt" eingesetzt wurde. Es ist nicht überraschend, dass es zu mehreren Aufstandsversuchen der jüdischen Gefangenen in den genannten Lagern kam (Maher 2010, 261 f.). Der bekannteste Aufstand fand im Lager Sobibor statt und führte zur erfolgreichen Flucht von 300 Häftlingen (ebd., 262). Einen ähnlichen Aufstandsversuch gab es auch in Treblinka. Die widrigen Gegebenheiten, der desolate körperliche Zustand der Geflohenen und der noch andauernde Krieg führten allerdings dazu, dass nur ein Bruchteil bis Kriegsende überlebte (ebd.).

Die Gedenkstätte heute

Bei einem Besuch des ehemaligen Vernichtungslagers fällt sofort eine große Freifläche auf, auf der ein Denkmal für die Opfer errichtet wurde. Zahlreiche große Bruchsteine symbolisieren die große Zahl an unbekannten Menschen, die hier ermordet wurden. Einige tragen Inschriften mit den Namen der bekanntesten Ermordeten, darunter auch Janusz Korczak. Es stellt sich hier durchaus die Frage, ob die namentliche Erwähnung einiger weniger, bekannter Personen zu einer Art „Zwei-Klassen-Gedenken" führen kann. So erscheint es unklar, ob diese Art der personifizierten Gedenkkultur die zahllosen unbekannten Opfer in gleichem Maße würdigt.

Des Weiteren wurde an der Stelle, an der die Leichen der Opfer verbrannt wurden, ein zweites Denkmal geschaffen. Auch ein kleines Museum ist an die Gedenkstätte angeschlossen. Hauptsächlich werden dort archäologische Fundstücke, wie Schuhe, Schmuck, Besteck oder auch Patronenhülsen des Wachpersonals gezeigt. Eine Miniatur des Lagergeländes soll die Größe des ehemaligen Lagers verdeutlichen.

1.3 1000 Jahre jüdisches Leben in Polen: Das POLIN Museum in Warschau

JOHANNA KRESS

Um einen tieferen Einblick in das Leben polnischer Jüdinnen und Juden in den vergangenen Jahrhunderten zu erhalten, durfte während der Exkursionswoche ein Besuch im Museum der Geschichte der polnischen Juden, kurz POLIN, nicht fehlen. Hier wurde in einer Vielzahl an eindrucksvoll dekorierten Räumen nach und nach ein breites Spektrum an Informationen und Hintergrundwissen aufbereitet und präsentiert.

Das Museum, dem eine Idee des Jüdischen Historischen Institutes Polens zugrunde lag, entstand von 1995 bis 2005 durch die Unterstützung von individuellen und institutionellen Spenden als soziale Initiative. Das Museum wurde schließlich am 25. Januar 2005 als Ergebnis der langjährigen Bemühungen des Jüdischen Historischen Instituts Polens auf Initiative des damaligen Warschauer Bürgermeisters Lech Kaczyński offiziell als öffentlich-private Partnerschaft des Vereins, der Stadt Warschau und des Ministeriums für Kultur und nationales Erbe gegründet. Das Museumsprojekt wurde durch Spenden von Privatpersonen und von Stiftungen aus den Vereinigten Staaten, Deutschland, dem Vereinigten Königreich und Polen finanziert. Man sammelte eine bis dato beispiellose Dokumentation der polnischen Judaica im In- und Ausland und baute ein einzigartiges Unterstützungsnetzwerk auf, damit die für die Gestaltung und den Aufbau der Kernausstellung notwendigen Mittel beschafft werden konnten.

Beim Museum handelt es sich um eine Kulturinstitution, ein historisches Museum, das 1000 Jahre jüdisches Leben in den polnischen Ländern darstellt. Ebenfalls soll es einen Ort der Begegnung und des Dialogs darstellen – für alle, die die Vergangenheit und Gegenwart der jüdischen Kultur erforschen oder Schlüsse für die Zukunft ziehen möchten. Das Museum zielt darauf ab, Offenheit, Toleranz und Wahrheit zu fördern und somit zum gegenseitigen Respekt und Verständnis zwischen jüdischen und nicht-jüdischen Mitmenschen beizutragen.

Auch wir als Studentinnen und Studenten aus Deutschland konnten an einer umfassenden Museumsführung teilnehmen, die sowohl durch einen sehr sachkundigen Führer als auch mittels Audioguides erfolgte. Die verschiedenen Ausstellungen und überaus anschaulich und interaktiv gestalteten Räume beleuchteten vielseitige Aspekte des jüdischen Lebens – darunter auch die Rolle Janusz Korczaks zu seiner Zeit. Durch die lebendige Darstellung im Museum wurde unser Wissen zu seinem Leben und seinen Taten, aber vor allem auch die allgemeine Situation in Polen zu seiner Lebzeit viel nachvollziehbarer. Diese Erfahrung stellte einen würdigen Abschluss der intensiven Auseinandersetzung mit dem Leben polnischer Jüdinnen und Juden in Warschau im Rahmen unseres Seminars dar. Dank der chronologischen Anordnung der Ausstellungsthemen und Inhalte und der vielen begehbaren Räume stellt das POLIN Museum einen einzigartigen Lernort dar, den man bei einem Besuch in Warschau unbedingt selbst erkunden sollte.

1.4 Korczaks Gedanken leben weiter

JESSICA HASREITER UND LARA GIBIS

Eines der ersten großen Lebensziele von Janusz Korczak, war es, kranken Kindern zu helfen und diese zu retten. Dabei merkte er, dass seine Tätigkeiten als Arzt in den damaligen Verhältnissen nur ein Tropfen auf den heißen Stein waren. Er wollte mehr erreichen, als „lediglich" Kinder medizinisch zu heilen. Korczaks Ziel war es, die Bedingungen, unter denen Kinder aufwachsen und leben, grundsätzlich zu verbessern beziehungsweise zu reformieren. So ist es nicht verwunderlich, dass Korczak sich in der Gesellschaft „Hilfe für Waisen" engagierte, die später, 1912, zur Gründung des Waisenhauses führte. Korczak gab zu dieser Zeit seine Tätigkeit als Arzt auf, um sich ganz den Kindern im Waisenhaus zu widmen (Wyrobnik 2021, 23-24). Er setzte seine in der Theorie gereiften Ideen und Konzepte in die Tat um und verwirklichte eine neue Pädagogik, die die Rechte der Kinder achten soll (Godel-Gaßner/Krehl 2013, 49). Unterstützt wurde er unter anderem von Stefania Wilczynska, der Haupterzieherin im jüdischen Waisenhaus Dom Sierot, und Maria Falska, der Leiterin des Nasz Dom – einem Waisenhaus im Warschauer Stadtteil Bielany (Beiner 2015, 59). Für die Kinder, die meistens mehrere Jahre im Waisenhaus Dom Sierot in der Krochmalna-Straße 92 verbrachten, war diese Zeit eine Art Erlösung, wie

Jossi Nadel am Rande einer internationalen Korczak-Konferenz in Tel Aviv im Winter 2019 über seinen Vater berichtete. Korczak hatte seinen Vater, Shlomo Nadel, in das Waisenhaus aufgenommen und ihm dadurch das Leben gerettet. Zudem habe Korczak eine ethisch-moralische Grundlage für Nadels Leben gelegt, von der dieser noch lange zehrte: während des Zweiten Weltkriegs sowie nach dem Überleben des Holocaust und der Gründung einer Familie in Israel (Wyrobnik, 25).

In dem von Korczak geleiteten Waisenhaus setzt er seine in der Theorie erarbeiteten Gedanken in die Realität um. Korczak wollte von Anfang an die Partizipation und Emanzipation der Kinder fördern und suchte sich daher Hilfe bei den Kindern selbst. Er sieht das Kind als vollwertiges Individuum an. Dieses Individuum bedarf von Anfang an der Begegnung von-Mensch-zu-Mensch im intersubjektiv gestalteten Erziehungsraum, in dem das Vertrauen als wechselseitiges Geschehen von vornherein gegeben ist. Dieses gelebte Vertrauen geht vom Kind aus, von seinem Denken, Fühlen und Wollen, seiner Freude, seinen Sorgen und seinem Kummer (Klein, 85). Sein dialogisches Denken und Handeln steht als Angebot für Inklusion, für die politische Kultur und für den demokratischen Rechtsstaat. Janusz Korczaks Leben war ein bewegtes Leben, voller Würde und Achtung. Korczaks Gedanken leben weiter, nicht nur mittels seiner vielfach rezipierten und übersetzten pädagogischen Schriften, sondern auch direkt am Ort seines Wirkens selbst: Bei unserem Besuch des Korczakianums, dem Ort, an dem er vor der Zwangsumsiedlung ins Ghetto Warschau das Dom Sierot eröffnet hat, fanden ukrainische Kinder Obhut, die vor dem Angriffskrieg Russlands im März 2022 geflohen sind.

2. Was können Pädagog*innen im 21. Jahrhundert (noch) von Janusz Korczak und seinen Weggefährt*innen lernen?

ANNELI BRELL

Janusz Korczak gilt als ein wesentlicher Vordenker der Kinderrechte und beschreibt mit seiner Pädagogik der Achtung das Kind als eigenständiges Individuum, das dazu fähig ist, selbstbestimmt Entscheidungen zu treffen, und das nicht erst durch Erziehung den Status der Emanzipation erlangt (Beiner 2008). Mit der Implementierung seines pädagogischen Ansatzes im Waisenhaus Dom Sierot zeigte Korczak, dass umfangreiche Partizipationsmöglichkeiten von Kindern in Gemeinschaftsstrukturen wie Bildungseinrichtungen oder Wohngemeinschaften einen geregelten Alltag und eine produktive Arbeitsweise nicht hemmen, sondern im Gegensatz dazu die Kinder in ihrer demokratischen Kompetenz stärken können (Berding 2020).

Korczak konnte wiederholt verdeutlichen, dass pädagogische Arbeit nicht isoliert von politischer Bildung stattfindet, sondern diese impliziert. Unter anderem darin begründete sich im Rahmen des Seminars die Wichtigkeit der Frage, was pädagogische Fachkräfte insbesondere in der Schulentwicklung in Bezug auf die Eröffnung demokratischer Handlungsfelder in Bildungseinrichtungen noch heute von Korczak und seinen Weggefährt*innen lernen können. Gleichermaßen stellte damit im Zusammenhang stehend auch die Frage einen signifikanten Teil des Erkenntnisprozesses dar, inwiefern Lehrkräfte und andere Pädagog*innen sich bei der Reflexion eigener berufsbezogener Überzeugungen hinsichtlich entsprechender Menschenbilder, der Anerkennung von Individuen und der Entwicklung inklusiver Bildungsräume auch gegenwärtig noch an Korczaks Pädagogik anlehnen können. Schließlich wurden in einem weiteren Abschnitt Leben und pädagogisches Wirken von Korczak verknüpft, um Holocaust Education als Teil demokratischer Bildung zu betrachten und die Didaktisierung der Lebensspuren von Korczak und seinen Weggefährt*innen in diesem Zusammenhang zu untersuchen.

2.1 „Des Kindes Handeln erkennen und ernst nehmen": Von einer Pädagogik der Achtung zu einer Pädagogik der Anerkennung

CORINNA SCHINDLER

Janusz Korczaks dialogisches Verständnis von Erziehung und Bildung, dessen Kernelemente die Akzeptanz und Hinwendung des Erwachsenen zum Kind darstellen (Marke 2013, 211), lässt sich mit den zentralen Gedanken inklusiver Bildung zusammenführen. Der Arzt und Pädagoge forderte die bedingungslose Anerkennung der Individualität des Kindes und seines Rechts auf Selbstbestimmung und Partizipation an der Gemeinschaft. Im Jahr 1919 beschreibt er in seinem Buch „Wie man ein Kind lieben soll" die Grundrechte des Kindes, die das Fundament seiner Pädagogik der Achtung darstellen (Schenz 2015, 175).

Auf Basis einer grundlegend respekt- und vertrauensvollen Grundhaltung gegenüber den Kindern entwickelte er für das von ihm geleitete Waisenhaus eine Konzeption der Selbsterziehung, durch die eine Erziehung durch Erfahrung ermöglicht werden sollte. Die Einrichtung von Möglichkeiten der Partizipation und Selbstverwaltung der Kinder im sozialen Nahraum sollte Korczak zufolge die Berücksichtigung ihrer Rechte und ihres Schutzes vor Ungerechtigkeit, Willkür und Despotismus gewährleisten (Beiner 2013, 47). Jede*r Bewohner*in des Waisenhauses hatte gleichermaßen das Recht auf Einspruch und Anklage bei einem internen „Gericht". Zusätzlich sicherte das Recht des Kindes auf Partizipation seine Mitbestimmung sowie seine Teilnahme, Teilhabe und Teilgabe bei der Ausgestaltung der alltäglichen Lebenszusammenhänge (Beiner 2008, 66). Für Korczak war es das „erste und unbestreitbare Recht des Kindes [...], seine Gedanken auszusprechen und aktiven Anteil an unseren Überlegungen und Urteilen in Bezug auf seine Person zu nehmen" (Korczak 1999, 45).

Im schulischen Kontext bedarf eine Erziehung durch Selbsterziehung der Kinder die Abkehr vom tradierten Rollenverständnis der Lehrkraft und dem gewohnten Selbstverständnis pädagogischer Arbeit (Berg 2013, 47). Diese prozessbezogene Weiterentwicklung und Neudeutung wird nicht zuletzt auch vor dem Hintergrund aktueller gesellschaftlicher Entwicklungen weg von einer Industrie- hin zu einer Informations- und Wissensgesellschaft erforderlich. Denn wenn Kinder nicht länger als Objekte der Erziehung gelten, die zu pflichtschuldigen und disziplinierten, zu ausführenden „Untertanen" erzogen werden sollen, sondern als Subjekte ihrer eigenen Entwicklung anerkannt werden, die auf ihrem Weg zu selbst- und mitbestimmungsfähigen, reflektierten Gestalter*innen einer nachhaltigen Entwicklung begleitet werden, besteht die Aufgabe von Erziehung darin, sie bei der Wahrnehmung ihres Rechtes zu unterstützen, sich selbst reflektieren zu lernen und sich als Teil einer Gesellschaft entdecken zu lassen. Jedes Kind hat sein unverwechselbares Selbst und ist bereits im frühen Alter ein individueller, weltentdeckender und weltverarbeitender Mensch. Die Lehrkraft hat die Aufgabe, seine Potentiale zu wecken und zu fördern (Beiner 2008, 22). Nicht zuletzt ist auf pädagogischer Seite die Bereitschaft gefordert, sich in der Zusammenarbeit mit den Kindern selbst zu bilden und stets in den eigenen berufsbezogenen Vorstellungen, Haltungen und Haltungen zu reflektieren. Dies kann umgesetzt werden, indem sie aus der erlebten Praxis reflektierend zu pädagogischen Erfahrungen gelangt und dabei die „gefühlte" Praxis mit Bestandteilen seiner impliziten Theorie auswertend verknüpft (Beiner 2008, 52).

2.2 „Ein Werk der Kinder" in der „Schule des Lebens"? Zum Stellenwert demokratischer Handlungsräume in pädagogischen Einrichtungen

CORINNA SCHINDLER

Den Alltag der von Janusz Korczak geleiteten Waisenhäuser regelte eine weitgehende Selbstverwaltung der Bewohner*innen, die Korczak und weitere pädagogische Mitarbeiter*innen gemeinsam mit den Kindern über mehrere Jahre hinweg erprobten und weiterentwickelten. Mit Hilfe des Entdeckens und des Sammelns von Erfahrungen in den gemeinsam gestalteten demokratischen Handlungsräumen näherten sich die Kinder und Jugendlichen einer Befreiung aus ihrer Unselbstständigkeit und der Abhängigkeit von den Erwachsenen an (Beiner 2021, 11). Partizipations- und Mitbestimmungshilfen in Form von Institutionen beteiligten die Kinder als Mitarbeiter*innen bei der Erledigung von Aufgaben, wodurch sie gleichberechtig auf das gemeinsame Zusammenleben einwirken konnten (ebd., 19). Allen stand das Recht zu, vor dem Selbstverwaltungsrat ein Anliegen vorzubringen. Dieser Rat entschied in der Folge über das weitere Vorgehen (ebd., 18). Ihr Recht auf freie Meinungsäußerung konnten die Bewohner*innen unter anderem in einer wöchentlich erscheinenden Heimzeitung ausüben (ebd., 14). Korczaks Forderung nach einer Achtung der Grundrechte der Kinder führte zudem zur Gründung des „Kameradschaftsgerichtes", vor das jedes Mitglied der Waisenhausgemeinschaft, das glaubte, Unrecht und Missachtung erfahren zu haben, treten konnte. Als Richter*innen fungierten zufällig ausgewählte Kinder, die nicht am Konflikt beteiligt waren. Streitigkeiten sollten auf diese Weise so fair wie möglich geschlichtet und die gewaltfreie Erziehung im Waisenhaus gesichert werden (ebd., 17 f.). Die zunehmende Beteiligung der Kinder an den Hausangelegenheiten und die Institutionen der Rechtssicherung durch die demokratisch legitimierte Gerichtsbarkeit veränderte die Struktur des Erziehungsprozesses in die Richtung der Kinder. Es entstand eine konstitutionelle Erziehungsgemeinschaft, vergleichbar mit einer Kinderrepublik, die von allen gleichermaßen getragen wurde (ebd., 19).

Auch der amerikanische Pädagoge und Philosoph John Dewey beschäftigte sich mit der Frage, wie Schulen entwickelt werden müssen, um der demokratischen Gesellschaft dienlich zu sein. In diesem Zusammenhang entwickelte er das Konzept der Schule als „embryonic society". Er erkannte, dass schulische Erziehung der Realisierung von Demokratie nur dann verhilft, wenn sie selbst demokratisch organisiert ist (Apel 1974, 80). Ähnlich wie für Dewey war auch für Korczak die Schule nicht nur ein Ort der schlichten Informationsweitergabe, sondern einer, an dem Kinder und Jugendliche lernen, wie man in einer Gemeinschaft zusammenarbeitet, Konflikte löst und Verantwortung übernimmt. Ein solches Verständnis von Schule als einer demokratischen Gemeinschaft ist die Voraussetzung dafür, dass Schüler*innen, Lehrpersonen und Schulverwaltung gleichermaßen die Möglichkeit haben, aktuelle gesellschaftliche Entwicklungen kritisch, reflektiert und demokratisch zu diskutieren sowie gemeinsame Räume solidarisch, empathisch und nachhaltig mitgestalten zu können (ebd., 140).

Die Relevanz der Eröffnung von Reflexions- und Erfahrungsräumen hat keineswegs abgenommen – im Gegenteil, in Konzepten wie der Gestaltungskompetenz als Zieldimension einer Bildung für nachhaltige Entwicklung (Bormann/de Haan 2008, 31) und mit Blick auf die 2016 in Kraft getretenen Nachhaltigkeitsziele wird die aktuelle Bedeutung einer stringenten Integration dieser begleiteten demokratischen Erfahrungsmöglichkeiten ersichtlich. Bildung für nachhaltige Entwicklung möchte den Schüler*innen Kompetenzen vermitteln, die sie dazu befähigen, aktiv und eigenverantwortlich eine nachhaltige Zukunft mitzugestalten (Holzbaur 2020, 336). In einer Schule der Informations- und Wissensgesellschaft des 21. Jahrhunderts können unter anderem die Öffnung von Schule und Unterricht den Schüler*innen diese Räume eröffnen, um sie zu selbstständigem Lernen, zur Entfaltung ihrer Persönlichkeit und ihres Reflexionsvermögens zu befähigen. Doch was bedeutet dies im konkreten Schul- und Unterrichtsalltag?

Durch einen Klassenrat, die Schüler*innenvertretung respektive ein Schulparlament kann Kindern und Jugendlichen auf schulorganisatorischer Ebene ein vorbereiteter Erfahrungsraum zugestanden werden, in dem sie, gleichwertige Stimmberechtigung sowie authentische Anlässe vorausgesetzt, an Aushandlungs- und Entscheidungsprozessen teil- und auf das Geschehen in der Gemeinschaft Einfluss nehmen, sich wirksam erleben und so demokratische Fähigkeiten ausbilden können (Rademacher 2021, 92).

Im gegenwärtigen Schulkontext besitzt offener Unterricht das Potential, den Schüler*innen selbstständiges Lernen und die Entfaltung der persönlichen Individualität zu ermöglichen. Voraussetzung dafür ist eine Lernumgebung auf Basis konstitutiver Faktoren, in der ein demokratischer Erziehungsstil praktiziert wird und die Lehrperson als beratende Organisator*in von kindlichen Lern- und Lebenssituationen sowie als verlässliche Beziehungsperson handelt (Prote 2000, 141).

An Korczaks Erkenntnis, dass Kinder im Dialog eine natürliche Begabung und Fähigkeit zur Begegnung besitzen, kann auf unterrichtlicher Ebene eine weitere demokratiepädagogische Methode anknüpfen: das Philosophieren mit Kindern. Der polnische Pädagoge war davon überzeugt, dass das Gefühl des Geachtet-Seins im Dialog die Identität des Kindes stärkt, wodurch sein Selbstwertgefühl und Selbstbewusstsein ausgebildet werden kann. Das Philosophieren mit Kindern zeichnet sich vor allem durch den Akt des Kommunizierens auf Augenhöhe aus und kann als Grunddisziplin des Verstehens und Verständigens zwischen Peers sowie zwischen Erwachsenen und Kindern verstanden werden. Dabei lassen sich die gleichberechtigten Gesprächsteilnehmer*innen auf ein gemeinsames Gedankenexperiment ein, ohne im Vorfeld ein bestimmtes Gesprächsziel festzulegen. Die Lehrkraft nimmt dabei lediglich eine begleitende und unterstützende Rolle auf der eigenen Suche nach Erkenntnis ein (Marke 2013, 211 f.).

Die bis heute scheinbar unveränderbar festgelegten Routinen in deutschen Schulen verdeutlichen die Beharrungskraft des im 19. Jahrhundert etablierten Schulmodells – Sliwka und Klopsch sprechen hierbei vom „industrial age schooling" (Sliwka/Klopsch 2020, 217). Erst die Krisen der letzten Jahre und die dabei erfahrenen sozialen Einschränkungen, aber auch die Erschütterung vermeintlich nicht verrückbarer schulischer Lernzeiten und -orte, die Lehrende, Lernende und Eltern vor große Herausforderungen stellten, veranschaulichten nicht nur, wie dringend notwendig ein Update der Schule ist, sondern auch, dass dieses möglich ist. Nicht zuletzt wurde „[i]n der Corona-Pandemie [...] wie unter einem Brennglas sichtbar, wo besonderer Handlungsbedarf besteht, damit die innere Logik und die äußere Organisationsform von Schule wieder passen" (ebd., 217). Zeitgemäß erscheint durch die Möglichkeiten der Digitalisierung und den gesellschaftlichen Wandel von der Industrie- zur digitalen Wissensgesellschaft die Transformation zu einer „Schule der Wissensgesellschaft" (ebd., 218), die Schüler*innen dazu befähigt, sich aktiv und reflektiert an einer nachhaltigen Weiterentwicklung der Gesellschaft zu beteiligen. Mit Janusz Korczak ist eine Person aus dem 20. Jahrhundert gegeben, deren Verständnis von Erziehung nicht für den heutigen Tag, sondern nachhaltig angelegt war. Im Fokus stand ein Lernen für die Zukunft (Berg 2013, 83). Denn eine brennende Frage, die seine Pädagogik der Achtung maßgeblich beeinflusste, lautete: „Wie soll [...] [das Kind] morgen leben können, wenn wir ihm heute kein bewusstes, verantwortungsvolles Leben ermöglichen?" (Korczak 1999, 404).

2.3 Was können Schüler*innen und junge Lernende von Korczak und seinen Weggefährt*innen, deren Entscheidungen und Lebensspuren lernen? Holocaust Education for Young Agers?

LENA KUJAWSKI

Neben dem pädagogischen Ansatz lagen auch die Lebensspuren rund um das Warschauer Waisenhaus Dom Sierot im Kontext der Shoah im Interesse der Studierenden – insbesondere die Auseinandersetzung mit der Eignung einer Didaktisierung der Biografien, um bereits jungen Lernenden erste Zugänge zu einer Auseinandersetzung mit dem Nationalsozialismus und Holocaust zu eröffnen.

Kinder wachsen nicht in einem entwicklungspsychologisch abgesteckten „Idealrahmen" auf, in dem sie von nicht altersgemäßen Informationen, Bildern und Inhalten abgeschottet werden können. Und so lässt es sich im digitalen Zeitalter der Informations- und Wissenschaftsgesellschaft des 21. Jahrhunderts

kaum vermeiden, dass Kinder bereits im jungen Alter und noch vor der lehr-
plangemäß vorgesehenen schulischen Bearbeitung des Themas mit der Shoah
konfrontiert werden. Ohne adäquaten pädagogischen Rahmen besteht hierbei
die Gefahr, dass sich Kinder mit falschen, verzerrten und manipulativen Informationen auseinandersetzen müssen sowie mit Fragen und zum Teil mit verstö-
renden Inhalten unbegleitet zurückgelassen werden – dies kann einer späteren
Abwehrhaltung dem Thema gegenüber Vorschub leisten. Deshalb sollte eine
systematische, pädagogisch adäquat begleitete Erstbegegnung mit der Shoah im
schulischen Kontext bereits in der Primar- und Sekundarstufe I in den Fokus
gerückt werden (Mkayton 2011, 2). Untersuchungen von Becher (2009), Flügel (2009) und Hanfland (2008) zeigen, dass bereits Neun- und Zehnjährige
Wissen über den Holocaust aufweisen, dieses jedoch häufig „hitlerzentriert"
ist, Juden und Jüdinnen als ‚anders' und ‚Nicht-Deutsch' markiert und Nazis
als übermächtig angesehen werden, gegen welche es nicht möglich gewesen sei,
Widerstand zu leisten (Klätte 2012, 253).

Ausgehend von Adornos Appell, dass eine Erziehung nach Auschwitz
zu Mündigkeit und Reflexion bereits im frühen Kindesalter ansetzen müsse
(Adorno 1966, 2), empfiehlt der niederländische Erziehungswissenschaftler
Abram (1998, 4) das Drei-Punkte-Programm für drei- bis zehnjährige Kinder,
welches auf die Förderung von Wärme, Autonomie und Empathie abzielt und
gleichzeitig auf detaillierte Darstellungen des genozidalen Grundvorgangs verzichtet. Die International School for Holocaust Studies empfiehlt dabei die Per-
sonalisierung von Geschichte, das heißt eine Fokussierung auf die Lebensspuren
einzelner Personen im Alter der Lernenden und auf eine Veranschaulichung
von Handlungen und Entscheidungen in einer periodisierten Darstellung im
konkreten historischen Kontext, das heißt sowohl vor, während als auch nach
dem Holocaust statt der Erzählung über Opfer in Form einer anonymen Masse,
um die nach wie vor in deutschen Schulbüchern vorherrschende ausschließliche
Täterperspektive zu erweitern, Stereotype aufzubrechen und eine empathische
Lernhaltung zu fördern.

Kinder- und Bilderbücher wie „Blumkas Tagebuch" von Iwona Chmielewska
oder „Die letzte Reise: Janusz Korczak und seine Kinder" von Irène Cohen-Janca
und Maurizio A. C. Quarello ermöglichen ein exemplarisches Ansetzen an den
Lebensspuren von Janusz Korczak und den Bewohner*innen des Waisenhauses,
um aus der Perspektive der Betroffenen deren tägliche Überlebenssituation im
Ghetto, das Handeln von (Mit-)Täter*innen, Verfolgten und Widerständler*innen
im konkreten historischen und individuellen Kontext zugänglich zu machen und
erste zentrale Begriffe des Nationalsozialismus zu vermitteln.

Im Rahmen des Themenjahres an der Universität Passau hatten die Studierenden zudem die Möglichkeit, sich im Anschluss an den Besuch der Wanderausstellung von Marlis Glaser im Herbst 2022 mit einem sehr spezifischen fachdidaktischen Zugang auseinanderzusetzen: Im Interview mit der Künstlerin selbst sowie der Professorin für Kunstpädagogik und Visual Literacy Barbara Lutz-Sterzenbach erschlossen sie sich kunstdidaktische Möglichkeiten und Rahmenbedingungen, wie im Folgenden aufgezeigt wird.

2.4 Zugänge aus Kunst und Kunstdidaktik – Im Interview mit Marlis Glaser und Barbara Lutz-Sterzenbach

IREM ERKAL

Wie kann man Kindern das Leben von Janusz Korczak und der Waisenkinder Dom Sierots nahebringen und sie zum Erinnern, Lernen und Verstehen bewegen? Die Künstlerin Marlis Glaser aus Attenweiler hat mit ihrem Kunstprojekt „In Erinnerung an Janusz Korczak und seine 200 jüdischen Waisenkinder" versucht, diese Frage zu beantworten (Glaser 2002, 26 ff.). Ab November 2001 unterrichtete Marlis Glaser ein Jahr lang wöchentlich, 70 Dritt- und Viertklässler*innen der Grundschulen Attenweiler und Alleshausen in Baden-Württemberg (Glaser, o.D.).

Die ausführliche Auseinandersetzung der Schüler*innen mit der Person Janusz Korczaks, dem Alltag im Warschauer Ghetto und dem Leben der verfolgten jüdischen Kinder sind für die Künstlerin während des Projekts fundamental. Den einzelnen Werken der Kinder geht ein mehrstufiger Prozess voraus, in dem die Schüler*innen zunächst in einem längeren Zeitraum Porträts der Waisenkinder mit Janusz Korczak in Deportationswaggons anfertigten. Da nur wenige Fotografien der Waisenkinder vorliegen, dienten Fotografien von Kindern aus Osteuropa, die zur selben Zeit lebten, als Vorlage (Glaser, persönliches Interview am 06.01.2023). Die Schüler*innen zeichneten anschließend jüdische Grabsteine zu jedem Porträt und fertigten außerdem Bilder mit den Namen der Waisenkinder an. Im Vorfeld besuchten sie zur Inspiration den jüdischen Friedhof Laupheim. Den Abschluss des künstlerischen Prozesses bildete das Malen schwarzer Wolken, die den Rauch der Gaskammern darstellen sollen. Auf ebenso großem Paper schrieben die Schüler*innen nun strophenweise das Gedicht „Das Lied von der Wolke".

Im Unterricht wurden begleitend Kinderbücher Janusz Korczaks wie „König Hänschen" gelesen und besprochen (Glaser o.D.). Dabei betonte Marlis Glaser, wie wichtig es sei, die Originaltexte Korczaks zu vermitteln und im Dialog mit den Schüler*innen die Werte, die Ethik und das geistige Wesen Korczaks zu vermitteln. Nur so sei ein echtes Verständnis der Person zu erlangen. Dem gleichen Zweck dient auch die Möglichkeit der Schüler*innen während des Projekts, den Shoah-Überlebenden Max Mannheimer kennenzulernen, der ihnen sein Leben schilderte und Fragen der Kinder beantwortete (Glaser, persönliches Interview am 06.01.2023).

Für Marlis Glaser muss das Projekt mehr leisten, als nur die Person Janusz Korczaks oder das Leben im Waisenhaus näherzubringen. Viele der Schüler*innen hätten zuvor wenig bis gar nichts über das Judentum oder die Shoah gelernt. Ein Grund könnte laut Glaser sein, dass in einigen Familien der Lehrkräfte und Schüler*innen ein persönlicher Bezug zur NS-Zeit bestanden habe und das Thema Holocaust noch immer ein tabuisiertes Thema in diesen Familien sei. Allgemein sei die Haltung vieler Eltern und Lehrkräfte gegenüber dem Projekt von Unbehaglichkeit und dem Wunsch, „nicht noch mal Auschwitz" zu thematisieren, geprägt gewesen. Dies habe sich ebenfalls auf die Kinder ausgewirkt. Glaser zufolge sei ein weiteres Ziel des Projektes daher auch, eine über die Beschäftigung mit dem Völkermord hinausgehende Perspektive auf das Judentum zu vermitteln.

Im Vergleich zum Jahr 2001 ist die Künstlerin Glaser sich sicher, dass junge Lehrkräfte eine größere Bereitschaft haben könnten, sich mit dem Thema Holocaust auseinanderzusetzen und sich dem Projekt nicht verschließen würden. Dr. Barbara Lutz-Sterzenbach, Professorin für Kunstpädagogik und Visual Literacy an der Universität Passau, besuchte im Wintersemester 2022/2023 mit ihren Studierenden die Ausstellung in der Universität Passau und erörterte das Projekt und die bildnerischen Arbeiten, die unter Anleitung der Künstlerin entstanden, unter fachdidaktischen und künstlerischen Aspekten neugierig, aber auch kritisch. Bei der künstlerischen Auseinandersetzung mit dem sensiblen Themas Shoa sollte jedes Kind mit großer Behutsamkeit und Aufmerksamkeit Raum dafür bekommen, sich der Thematik anzunähern, aber auch distanzierter bleiben zu dürfen. Inwiefern dies möglich ist, wenn die Kinder unter künstlerischen Gesichtspunkten angeregt werden, Grauwerte für den Rauch der Gastürme zu gestalten, erschien diskutierbar. Individuelle kindliche Bildlösungen wurden in der einheitlichen künstlerischen Konzeption der Ausstellung vermisst. So sehr die Studierenden die Person Janusz Korczak und die Intention der Künstlerin wertschätzten, so wesentlich erschien, dass Kinder mit traumatischen Erfahrungen durch Krieg und Flucht, aber auch Kinder, die mit Themen wie Gewalt und Schrecken noch wenig Berührung haben, möglichst viel Offenheit zugestanden werden muss, individuell und altersgemäß bildnerisch reagieren zu dürfen und eine Bildsprache mit eigenem Ausdruck entwickeln zu können (Prof. Dr. B. Lutz-Sterzenbach, persönliches Interview am 26.04.2023).

Literatur

Abram, Ido (1998): Holocaust, Erziehung und Unterricht (Vortrag aus Anlass der Gründung der Forschungs- und Arbeitsstelle [FAS] „Erziehung nach/über Auschwitz" am 20.05.1998). Online: http://www.fasena.de/download/grundschule/Abram%20%281998%29.pdf (Zugriff 01.09.2011).

Adorno, Theodor W (1966): Erziehung nach Auschwitz. In: ders.: Erziehung zur Mündigkeit, Vorträge und Gespräche mit Hellmuth Becker 1959–1969. Herausgegeben von Gerd Kadelbach. Frankfurt/M. 1970, S. 92-109.

Apel, Hans-Jürgen (1974): Theorie der Schule in einer demokratischen Industriegesellschaft. Rekonstruktion des Zusammenhangs von Erziehung, Gesellschaft und Politik bei John Dewey. Düsseldorf.

Becher, Andrea (2009): Die Zeit des Holocaust in Vorstellungen von Grundschulkindern. Eine empirische Untersuchung im Kontext von Holocaust Education. Zugl.: Oldenburg, Univ., Diss., 2008. 1. Aufl. Oldenburg: Didaktisches Zentrum Carl von Ossietzky Universität (Beiträge zur didaktischen Rekonstruktion, Bd. 25).

Beiner, Friedhelm (2008): Was Kindern zusteht. Janusz Korczaks Pädagogik der Achtung; Inhalt – Methoden – Chancen. Gütersloh.

Beiner, Friedhelm (2013): Wie wurde Korczak zum „Pionier der Menschenrechte des Kindes" – und welchen Beitrag leisteten Stefania Wilczyńska und Maria Falska dazu? In: Liebel, Manfred (Hg.): Janusz Korczak – Pionier der Kinderrechte. Ein internationales Symposium. Berlin, S. 29-52.

Beiner, Friedhelm (2015): Janusz Korczaks Weg zur „Pädagogik der Achtung" und Maria Falskas Beispiel einer „konstitutionellen Pädagogik". In: Bartosch, Ulrich/Maluga, Agnieszka/Bartosch, Christiane/Schieder, Michael (Hg.): Konstitutionelle Pädagogik als Grundlage demokratischer Entwicklung. Annäherung an ein Gespräch mit Janusz Korczak. Kempten, S. 59-81.

Beiner, Friedhelm (2021): Korczaks demokratische Erziehungsreform. Partizipation, Konstitution, pädagogische Beziehungen. Versuch einer werkbiographischen Rekonstruktion, Online-Ressource des Korczak Forums, Online: https://www.korczak-forum.de/wp-content/uploads/2021/06/Beiner-F.-2021.-Janusz-Korczaks-demokratische-Erziehungsreform.pdf (Zugriff 27.02.2023).

Berding, Joop W. A. (2020): Janusz Korczak: Educating for Justice. Cham, Online: https://link.springer.com/content/pdf/10.1007/978-3-030-59250-9.pdf (Zugriff 31.01.2023).

Berger, Sara (2016): Jüdischer Widerstand in den Vernichtungslagern der „Aktion Reinhardt". Bedingungen, Formen und Relevanz. In: Schoeps, Julius/Bingen, Dieter/Botsch, Gideon (Hg.): Jüdischer Widerstand in Europa (1933–1945). Formen und Facetten. Berlin/Boston, S. 70-86.

Crowe, David (2011): Treblinka. In: Baskin, Judith (Hg.): The Cambridge Dictionary of Judaism and Jewish Culture. Cambridge, S. 615.

De Haan, Gerhard (2008): Gestaltungskompetenz als Kompetenzkonzept für Bildung für nachhaltige Entwicklung. In: Bormann, Inka/de Haan, Gerhard (Hg.): Kompetenzen der Bildung für nachhaltige Entwicklung. Operationalisierung, Messung, Rahmenbedingungen, Befunde. Wiesbaden, S. 23-43.

Flügel, Alexandra (2009): „Kinder können das auch schon mal wissen …". Nationalsozialismus und Holocaust im Spiegel kindlicher Reflexions- und Kommunikationsprozesse. Opladen u. a.

Glaser, Marlis (2002): In Erinnerung an Janusz Korczak und seine 200 jüdischen Waisenkinder, 1942 aus dem Warschauer Ghetto deportiert und in Treblinka ermordet. In: Korczak-Bulletin, Jahrgang 11, Heft 2, Dezember 2002, S. 26-34.

Glaser, Marlis (o.D.). Online: https://www.marlis-glaser.de/index.php/ueber-about-marlis-e-glaser (Zugriff 25.03.2023).

Glaser, Marlis (o.D). Online: https://www.marlis-glaser.de/index.php/schulprojekte/korczak-2000-2002 (Zugriff 27.03.2023).

Godel-Gaßner, Rosemarie/Krehl, Sabine (2013): Kinder sind auch (nur) Menschen. Janusz Korczak und seine Pädagogik der Achtung. Eine Einführung. Jena.

Hanfland, Vera (2008): Holocaust – ein Thema für die Grundschule? Eine empirische Untersuchung zum Geschichtsbewusstsein von Viertklässlern. Dissertation Westfälische Wilhelms-Universität Münster. Berlin.

Holzbaur, Ulrich (2020): Bildung für Nachhaltige Entwicklung. Ist die Bildung eine Aufgabe oder die Lösung? In: ders.: Nachhaltige Entwicklung. Der Weg in eine lebenswerte Welt. Wiesbaden, S. 335-366.

Hosenfeld, Wilm (2004): Ich versuche jeden zu retten. Das Leben eines deutschen Offiziers in Briefen und Tagebüchern. München.

Klätte, Christina (2012): „Opa hat gegen das Böse gekämpft." – Kenntnisse von Grundschulkindern über Nationalsozialismus und Judenverfolgung. In: Hellmich, Frank/Förster, Sabrina/Hoya, Fabian (Hg.): Bedingungen des Lehrens und Lernens in der Grundschule. Bilanz und Perspektiven (Jahrbuch Grundschulforschung, Bd. 16). Wiesbaden, S. 253-256.

Klein, Ferdinand (1997): Janus Korczak. Sein Leben für Kinder- sein Beitrag für die Heilpädagogik. Bad Heilbrunn.

Korczak, Janusz (1999): Sämtliche Werke. Bd 4. Gütersloh.

Maher, Thomas (2010): Threat, Resistance and Collective Action: The Cases of Sobibór, Treblinka, and Auschwitz. In: American Sociological Review, 75/2, S. 252-272.

Marke, Verena (2013). Die Bedeutung der Dialogischen Erziehung bei Janusz Korczak – und deren Aktualität beim Philosophieren mit Kindern. In: Liebel, Manfred (Hg.): Janusz Korczak – Pionier der Kinderrechte. Ein internationales Symposium. Berlin, S. 210-220.

Medykowski, Witold Wojciech (2018): Macht Arbeit Frei? German Economic Policy and Forced Labor of Jews in the General Government, 1939–1943. Brighton.

Mkyaton, Noa (2011): Holocaustunterricht mit Kindern – Überlegungen zu einer frühen Erstbegegnung mit dem Thema Holocaust im Grundschul- und Unterstufenunterricht. In: Medaon – Magazin für jüdisches Leben in Forschung und Bildung, 5, 9, S. 1-9.

POLIN (o. D.): Homepage. Online https://polin.pl/en (Zugriff: 22.05.2023).

Prote, Ingrid (2000): Für eine veränderte Grundschule: Identitätsförderung – soziales Lernen – politisches Lernen. Schwalbach/Ts.

Rademacher, Helmolt (2021): Konfliktkultur in der Schule entwickeln. Wie Demokratiebildung gelingt. Stuttgart.

Schenz, Christina (2015): Gemeinsam leben in einer inklusiven Demokratie. Reflexionen zur Aktualität der Pädagogik von Janusz Korczak. In: Bartosch, Christiane/Bartosch, Ulrich/Maluga, Agnieszka/Schieder, Michael (Hg.): Konstitutionelle Pädagogik als Grundlage demokratischer Entwicklung. Annäherung an ein Gespräch mit Janusz Korczak. Bad Heilbrunn, S. 169-179.

Shner, Moshe (2021): Janusz Korczak and Yitzhak Katzenelson. Two Educators in the Abysses of History. Berlin/Boston.

Sliwka, Anne/Klopsch, Britta (2020): Disruptive Innovation! Wie die Pandemie die „Grammatik der Schule" herausfordert und welche Chancen sich jetzt für eine „Schule ohne Wände" in der digitalen Wissensgesellschaft bieten. In: Fickermann, Detlef/Edelstein, Benjamin (Hg.): „Langsam vermisse ich die Schule …". Schule während und nach der Corona-Pandemie. Münster, S. 216-229.

Szpilman, Wladyslaw (1998): Das wunderbare Überleben. Düsseldorf.

Warschauer Ghettomuseum (o.D.): Getto Warszawskie 1940–1943. Online https://1943.pl/historiagw/ (Zugriff: 27.02.2023).

Wyrobnik, Irit (2021): Korczaks Pädagogik heute. Wertschätzung, Partizipation und Lebensfreude in der Kita. Göttingen.

Interviews

Interview mit Künstlerin Marlis Glaser am 06.01.2023 und 07.01.2023, Attenweiler (durchgeführt von: Erkal, Irem; Kujawski, Lena; Schindler, Corinna) (Transkript liegt vor)

Interview mit Prof. Dr. Barbara Lutz-Sterzenbach am 26.04.2023, Passau (durchgeführt von: Erkal, Irem) (Transkript liegt vor)

Verzeichnis der Autor*innen

MICHAEL BARTL, Student der Historischen Wissenschaft und des Lehramts an Gymnasien (Englisch, Geschichte) an der Universität Passau

PROF. DR. ULRICH BARTOSCH, Professor für Pädagogik an der Katholischen Universität Eichstätt-Ingolstadt, HRK-Vizepräsident für Lehre, Studium und Lehrkräftebildung und Präsident der Universität Passau

ANNELI BRELL, Studentin des Lehramts an Grundschulen an der Universität Passau

IREM ERKAL, Studentin des Lehramts an Grundschulen an der Universität Passau und der Politikwissenschaften an der Fernuniversität Hagen mit Schwerpunkt politische Bildung, Rassismuskritik, Holocaust Education und BNE

PROF. DR. ADAM FIJAŁKOWSKI, Professor für Erziehungswissenschaften an der Universität Warschau und Leiter des Lehrstuhls für Geschichte und Philosophie der Erziehung

LARA GIBIS, Studierende des Lehramts an Grundschulen an der Universität Passau

PROF.IN DR.IN CHRISTINA HANSEN, Professorin für Bildungswissenschaft, Leitung des Lehrstuhls für Erziehungswissenschaft mit dem Schwerpunkt Diversitätsforschung und Bildungsräume der Mittleren Kindheit und Vizepräsidentin für Internationales, Europa und Diversity der Universität Passau

JESSICA HASREITER, Absolventin der Universität Passau und Lehramtsanwärterin an einer Grundschule

JOHANNA KRESS, Absolventin der Universität Passau und Lehramtsanwärterin an einer Grundschule

LENA KUJAWSKI, Absolventin der Universität Passau und Lehrassistentin an der Universität Uppsala

WOJCIECH LASOTA, Doktorand an der Doctoral School of Social Sciences an der Universität Warschau und Vorsitzender der Korczak-Stiftung in Polen

PROF.IN DR.IN AGNIESZKA MALUGA, Vorsitzende der Deutschen Korczak-Gesellschaft e. V. und Inhaberin der Professur für das Lehrgebiet „Bildung, Erziehung, Betreuung und Prävention in der Kindheit" an der Hochschule Koblenz

DR.IN KATHRIN EVELINE PLANK, Akademische Rätin am Lehrstuhl für Erziehungswissenschaft mit dem Schwerpunkt Diversitätsforschung und Bildungsräume der Mittleren Kindheit an der Universität Passau

CORINNA SCHINDLER, Studentin des Lehramts an Grundschulen an der Universität Passau mit Schwerpunkt politischer Bildung, Holocaust Education und rassismus- und antisemitismuskritischer Bildung

ANDREAS TREMBACZOWSKI, Studierender der Historischen Wissenschaften an der Universität Passau

Kinderrechte gehören in deutsche Schulen! Und zwar nicht nur als Unterrichtsgegenstand, sondern auch als Orientierungsmarken für eine kindgerechte Schul- und Unterrichtskultur. Dies wird in diesem Band anhand von konkreten Problemthemen und Beispielen guter schulischer Praxis entfaltet.

hrsg. von Manfred Pirner, Michaela Gläser-Zikuda und Michael Krennerich
Reihe „Wochenschau Wissenschaft"
ISBN 978-3-7344-1368-1, 328 S., € 34,90
PDF: ISBN 978-3-7344-1369-8, € 33,99

Schulen haben die Aufgabe, Kinder über ihre Rechte zu informieren. Kinder müssen erleben, dass ihre Meinungen gehört und ihre Interessen respektiert werden. Lehrkräfte, Schüler*innen und für Schulentwicklung Engagierte berichten in diesem Band über ihre Erfahrungen.

hrsg. von Adolf Bartz, Katharina Gerarts, Lothar Krappmann und Claudia Lohrenscheit
Reihe „Kinderrechte und Bildung"
ISBN 978-3-95414-192-0, 384 S., € 36,00
PDF: ISBN 978-3-95414-193-7, € 35,99